夏本紀第二

夏禹諡法曰受禪成功曰禹。正義曰夏者帝禹封國號也帝王紀云禹受封爲夏伯在豫州外方之南今河
南陽翟是也名曰文命索隱曰尚書云文命敷于四海孔安國云外布文德教命不云是禹名太史公
皆以放勳重華文命爲名孔又云虞氏舜名則堯舜禹湯皆名矣蓋古質帝王之號皆以名後代因其行追而爲謚其實
禹是名故張晏云少昊已前天下之號象其德顓頊已來天下之號因其名又按系本鯀取有辛氏女謂之女志是生高
密宋衷云高密禹所封國。正義曰帝王紀云父鯀妻脩己見流星貫昴夢接意感又吞神珠薏苡胷坼而生禹名文命
字密身九尺二寸長本西夷人也大戴禮云高陽之孫鯀之子曰文命揚雄蜀王本紀云禹本汶山郡廣柔縣人也生於
石紐括地志云茂州汶川縣石紐山在縣西七十三里華陽國志云今夷人共營其地方百里不敢居牧至今猶不敢放
六畜按廣柔隋改曰汶川禹之父曰鯀鯀之父曰帝顓頊索隱曰皇
甫謐云鯀帝顓頊之子字熙又連山易云鯀封於崇故國語謂之崇伯鯀系本亦以鯀爲顓頊子漢書律曆志則云顓頊

五代而生鯀按鯀既仕堯與舜代系殊懸舜即顓頊六代孫則鯀非是顓頊之子蓋班氏之言近得其實顓頊
之父曰昌意昌意之父曰黃帝禹者黃帝之玄
孫而帝顓頊之孫也禹之曾大父昌意及父鯀
皆不得在帝位爲人臣當帝堯之時鴻水滔天
索隱曰一作洪鴻大也以鳥大曰鴻小曰鴈故近代文字大義者皆作鴻也浩浩懷山襄陵
下民其憂堯求能治水者羣臣四嶽皆曰鯀可
堯曰鯀爲人負命毀族不可四嶽曰等之未有
賢於鯀者願帝試之於是堯聽四嶽用鯀治水
九年而水不息功用不成於是帝堯乃求人更
得舜舜登用攝行天子之政巡狩行視鯀之治

水無狀索隱曰言無功狀乃殛鯀於羽山以死正義曰殛音紀力反鮌之羽山化爲黄熊入于羽淵熊音乃來反下三點爲三足也束晳發蒙紀云鼈三足曰熊天下皆以舜之誅爲是於是舜舉鯀子禹而使續鯀之業堯崩帝舜問四嶽曰有能成美堯之事者使居官皆曰伯禹爲司空可成美堯之功舜曰嗟然命禹女平水土維是勉之禹拜稽首讓於契后稷皋陶舜曰女其往視爾事矣禹爲人敏給克勤其德不違其仁可親其言可信聲爲律索隱曰言禹聲音應鍾律身爲度王肅曰以身爲法度○索隱曰按今巫猶稱禹步稱以出徐廣曰一作士○索隱曰按大戴禮見作士又一解云上聲與身爲律度則權衡亦出於其身故云稱以出亹亹穆穆

爲綱爲紀禹乃遂與益后稷奉帝命命諸侯百姓興人徒以傅土行山表木尚書傅字作敷馬融曰敷分也○索隱曰大戴禮作傅土故此紀依之傅即付也謂付功屬役之事謂令人分布理九州之土地也表木謂刊木立爲表記尚書作隨山刊木定高山大川馬融曰定其差秩祀禮所視也駰案尚書大傳曰高山五嶽大川四瀆之屬禹傷先人父鯀功之不成受誅乃勞身焦思居外十三年過家門不敢入薄衣食致孝于鬼神馬融曰祭祀豐絜卑宮室致費於溝淢包氏曰方里爲井井間有溝溝廣深四尺十里爲成成間有淢淢廣深八尺陸行乘車水行乘舡泥行乘橇徐廣曰他書或作蕝駰案孟康曰橇形如箕擿行泥上如淳曰橇音茅蕝之蕝謂以板置其泥上以通行路也○正義曰按橇形如舡而短小兩頭微起人曲一腳泥上擿進用拾泥上之物今杭州温州海邊有之也山行乘檋徐廣

曰檋一作橋音丘遙反駰案如淳曰檋車謂以鐵如錐頭長半寸施之履下以上山不蹉跌也又音紀録反。正義曰按上山前齒短後齒長下山前齒長後齒短也檋音與上同也

左準繩右規矩王肅曰左右言常用也。索隱曰左所運用堪爲人之準繩右所舉動必應規矩也載四時王肅曰所以行不違四時之宜也以開九州通九道陂九澤度九山令益予衆庶稻可種卑溼命后稷予衆庶難得之食食少調有餘相給以均諸侯禹乃行相地宜所有以貢及山川之便利禹行自冀州始冀州既載孔安國曰堯所都也先施貢賦役載於書也鄭玄曰兩河間曰冀州。正義曰按理水及貢賦從帝都爲始也黃河自勝州東直南至華陰即東至懷州南又東北至平州碣石山入海也東河之西南河之東南河之北皆冀州也壺口

治梁及岐鄭玄曰地理志壺口在河東北屈梁山在左馮翊夏陽岐山在右扶風美陽。正義曰括地志云壺口山在慈州吉常縣西南五十里冀州境也梁山在同州韓城縣東南十九里岐山岐州岐山縣東北十里三山雍州境也孔安國從東循山理水而西也既修太原至于嶽陽孔安國曰太原今爲郡名太嶽在太原西南山南曰陽。索隱曰嶽太嶽即冀州之鎮霍太山也按地理志霍太山在河東彘縣東凡如此例不引書者皆地理志文也。正義曰括地志云霍山在沁州沁原縣西七八十里覃懷致功孔安國曰覃懷近河地名鄭玄曰懷縣屬河內。索隱曰按河內有懷縣今驗地無名覃者蓋覃懷二字或當時共爲一地之名至於衡漳孔安國曰漳水橫流。索隱曰案孔註以衡爲橫非王肅云衡漳二水名地理志清漳水出上黨沾縣東北至阜城縣入河濁漳水出上黨長子縣東至鄴入清漳也。正義曰括地志云故懷城在懷州武陟縣西十一里衡漳水在瀛州東北百二十五里平舒縣界也其土白壤孔安國曰土無塊曰壤賦上上錯孔安國曰上上第一錯雜也雜出第二之賦田中中孔安國曰九州之中爲第五常衛既從大陸既爲鄭玄曰地理志恒水出恒山衛水在靈壽大陸澤在鉅鹿。索

隱曰此文改恒山恒水皆作常避漢文帝諱故也常水出常山上曲陽縣東入滱水衛水出常山靈壽縣東入虖池**鳥夷皮服**鄭玄曰鳥夷東北之民賦食鳥獸者孔安國曰服其皮明水害除。正義曰括地志云靺鞨國古肅愼也在京東北萬里已下東及北各抵大海其國南有白山鳥獸草木皆白其人處山林閒土氣極寒常爲穴居以深爲貴至接九梯養豕食肉衣其皮冬以豬膏塗身厚數分以禦風寒貴臭穢不潔作廁於中圜之而居多勇力善射弓長四尺如弩矢用楛長一尺八寸青石爲鏃葬則交木作槨殺豬積槨上富者至數百貧者數十以爲死人之糧以土上覆之以繩繫於槨頭出土上以酒灌酹繩腐而止無四時祭祀也**夾右碣石**孔安國曰碣石海畔之山也**入于海**徐廣曰海一作河。索隱曰地理志云碣石山在北平驪城縣西南太康地理志云樂浪遂城縣有碣石山長城所起又水經云在遼西臨渝縣南水中蓋碣石山有二此云夾右碣石入于海當非北平之碣石**濟河維沇州**鄭玄曰言沇州之界在此兩水之間**九河既道**馬融曰九河名徒駭太史馬頰覆釜胡蘇簡絜鉤盤鬲津**雷夏既澤雍沮會同**鄭玄曰雍水沮水相觸而合入此澤中地

理志曰雷澤在濟陰城陽。索隱曰爾雅云水自河出爲雍也。正義曰括地志云雷夏澤在濮州雷澤縣郭外西北雍沮二水在雷澤西北平地也**桑土既蠶於是民得下丘居土**孔安國曰大水去民下丘居平土就桑蠶**其土黑墳**孔安國曰色黑而墳起**草繇木條**孔安國曰繇茂條長也**田中下**孔安國曰第六**賦貞作十有三年乃同**鄭玄曰貞正也治此州正作不休十三年乃有賦與八州同言功難也其賦中下**其貢漆絲其篚織文**孔安國曰地宜漆林又宜蠶織文錦綺之屬盛之筐篚而貢焉**浮於濟漯通於河**鄭玄曰地理志云漯水出東郡東武陽。索隱曰濟水出河東垣縣王屋山東其流至濟陰故應劭云濟水出平原陰縣東漯水出東郡東武陽縣北至千乘縣而入于海**海岱維青州**鄭玄曰東自海西至岱東嶽曰岱山。正義曰按舜分青州爲營州遼西及遼東**嵎夷既略**馬融曰嵎夷地名用功少曰略。索隱曰孔安國云東表之地稱嵎夷按今文尚書及帝命驗並作禺鐵在遼西鐵古夷字也**濰淄既**

道鄭玄曰地理志維水出琅邪淄水出泰山萊蕪縣原山。正義曰括地志云密州莒縣山維水所出淄州淄川縣東北七十里原山淄水所出俗傳云禹理水功畢土石黑數里之中波若漆故謂之淄水也其土白墳海濱廣潟徐廣曰一作澤又作斥厥田斥鹵鄭玄曰斥謂地鹹鹵。索隱曰鹵音魯說文云鹵鹹地東方謂之斥西方謂之鹵田上下賦中上孔安國曰田第三賦第四厥貢鹽絺海物維錯孔安國曰絺細葛錯雜非一種鄭玄曰海物海魚也魚種類尤雜岱畎絲枲鈆松怪石孔安國曰畎谷也怪異好石似玉者岱山之谷出此五物皆貢之萊夷爲牧孔安國曰萊夷地名可以牧放。索隱曰按左傳云萊人劫孔子孔子稱夷不亂華又云齊侯伐萊服虔以爲東萊黃縣是今按地理志黃縣有萊山恐即此地之夷其篚酓絲孔安國曰酓桑蠶絲中爲琴瑟弦。索隱曰爾雅云檿山桑是蠶食檿之絲也浮於汶通於濟鄭玄曰地理志汶水出泰山萊蕪縣原山西南入濟海岱及淮維徐州孔安國曰東至海北至岱南及淮淮沂其治

蒙羽其蓺鄭玄曰地理志沂水出泰山蓋縣蒙羽二山名孔安國曰二水已治二山可以種蓺。索隱曰水經云淮水出南陽平氏縣胎簪山北過桐柏山沂水出泰山蓋縣艾山南過下邳縣入泗蒙山在泰山蒙陰縣西羽山在東海祝其縣南殛鯀之地大野既都鄭玄曰大野在山陽鉅野北名鉅野澤孔安國曰水所停曰都東原厎平鄭玄曰東原地名今東平郡即東原。索隱曰張華博物志云兗州東平郡即尚書之東原也。正義曰廣平曰原徐州在東故曰東原水去已致平復言可耕種也其土赤埴墳徐廣曰埴黏土也草木漸包孔安國曰漸長進包叢生也其田上中賦中中孔安國曰田第二賦第五貢維土五色鄭玄曰土五色者所以爲太社之封。正義曰韓詩外傳云天子社廣五丈東方青南方赤西方白北方黑上冒以黃土將封諸侯各取方土苴以白茅以爲社也太康地記云城陽姑幕有五色土封諸侯錫之茅土用爲社此土即禹貢徐州土也今屬密州莒縣也羽畎夏翟孔安國曰夏狄狄雉名也羽中旌旄羽山之谷有之嶧陽孤桐孔安國曰嶧山之陽特生桐中琴瑟鄭玄曰地理志嶧山

在下邳。正義曰括地志云嶧山在兗州鄒縣南二十二里鄒山記云鄒山古之嶧山言絡繹相連屬也今猶多桐樹按今獨生桐尚徵一偏似琴瑟 **泗濱浮磬** 孔安國曰泗水涯水中見石可以為磬鄭玄曰泗水出濟陰乘氏也。正義曰括地志云泗水至彭城呂梁出石磬 **淮夷蠙珠臮魚** 孔安國曰淮夷二水出蠙珠及美魚鄭玄曰淮夷淮水之上民也。索隱曰按尚書云徂茲淮夷徐戎並興今徐州言淮夷則鄭解為得蠙一作玭並步玄反臮古曁字臮與也言夷人所居淮水之處有此蠙珠與魚也又作濱濱畔也 **其篚玄纖縞** 鄭玄曰纖細也祭服之材尚細。正義曰玄黑繒細縞白繒以細繒染為黑色 **浮于淮泗** 正義曰括地志云泗水源在兗州泗水縣東陪尾山其源有四道因以為名 **通于河淮海維揚州** 孔安國曰北據淮南距海 **彭蠡既都陽鳥所居** 鄭玄曰地理志彭蠡澤在豫章彭澤西孔安國曰隨陽之鳥鴻鴈之屬冬月居此澤也。索隱曰都古文尚書作豬孔安國云水所停曰豬鄭玄云南方謂都為豬則是水聚會之義。正義曰蠡音禮括地志云彭蠡湖在江州潯陽縣東南五十二里 **三江既入** 索隱曰韋昭云三江謂松江錢塘江陽江今按地理志有南江中江北江是為三江其南江從會稽吳縣南東入海中江從丹陽蕪湖東北至會稽陽羨縣東入海北江從會稽毗陵縣北東入海故下文東為中江又東為北江孔安國云有北有中南可知也 **震澤致定** 孔安國曰震澤吳南太湖名言三江已入致定為震澤。索隱曰震一作振地理志云會稽吳縣故周太伯所封國具區在其西古文以為震澤又左傳稱笠澤亦謂此也。正義曰澤在蘇州西四十五里三江者在蘇州東南三十里名三江口一江西南上七十里至太湖名曰松江古笠澤江一江東南上七十里自蜆湖名曰上江亦曰東江一江東北下三百餘里入海名曰下江亦曰婁江於其分處號曰三江口顧夷吳地記云松江東北行七十里得三江口東北入海為婁江東南入海為東江并松江為三江是也言理三江入海非入震澤也按太湖西南湖州諸溪從天目山下西北宣州諸山有溪並下太湖太湖東北流各至三江口入海其湖無通彭蠡湖及太湖處並阻山陸諸儒及地志等解三江既入皆非也周禮職方氏云揚州藪曰具區川曰三江按五湖三江者韋昭注非也其源俱不通太湖引解三江既入失之遠矣五湖者菱湖游湖莫湖貢湖胥湖皆太湖東岸五灣為五湖蓋古時應別今並相連菱湖在莫里山東周迴三十餘里西口闊二里其口南則莫里山北則徐侯山西與莫湖連莫湖在莫里山西及北北與胥湖連胥湖在胥山西南與莫湖連各周迴五六十里西連太湖游湖在北二十里在長山東湖西口闊二里其口東南岸樹里山西北岸長山湖周迴五六十里貢湖在長山西其口闊四五里口東南長山山南即山陽村西北連常州無錫縣老岸湖周迴一百九十里已上湖身向東北長七十餘里兩湖西亦連太湖河渠書云於吳則通渠三江五湖貨殖傳云夫吳有三江五湖之利又太史公自叙傳云登姑蘇望五湖是也

竹箭既布孔安國曰水去布生其草惟夭其木惟喬少長曰夭喬高也其土塗泥馬融曰漸洳也田下下賦下上上雜孔安國曰田第九賦第七雜出第六貢金三品孔安國曰金銀銅鄭玄曰銅三色也瑤琨竹箭孔安國曰瑤琨皆美玉也齒革羽毛孔安國曰象齒犀皮鳥羽旄牛尾也。正義曰周禮考工記云犀甲七屬兕甲六屬鄭云犀似水牛猪頭大腹庳脚犄角好食棘也亦有一角者按西南夷常貢旄牛尾爲旌旗之飾書詩通謂之旄故尚書云右秉白旄詩云建旐設旄皆此牛也島夷卉服

孔安國曰南海島夷草服葛越。正義曰括地志云百濟國西南渤海中有大島十五所皆邑落有人居屬百濟又倭國武皇后改曰日本國在百濟南隔海依島而居凡百餘小國此皆揚州之東島夷也按東南之夷草服葛越焦竹之屬越即苧祁也其篚織貝孔安國曰織細繒也貝水物也鄭玄曰貝錦名也詩云成是貝錦凡織者先染其絲織之即成矣其包橘柚錫貢孔安國曰小曰橘大曰柚錫命乃貢言不常也鄭玄曰有錫則貢之或時乏則不貢錫所以柔金也均江海通淮泗鄭玄曰均讀曰沿沿順水行也

荊及衡陽維荊州孔安國曰北據荊山南及衡山之陽江漢朝宗于海孔安國曰二水經此州而入海有似於朝百川以海爲宗宗尊也。正義曰括地志云江水源出岷州南岷山南流至益州即東南流入蜀至瀘州東流經三硤過荊州與漢水合孫卿子云江水其源可以濫觴也又云漢水源出梁州金牛縣東二十八里嶓冢山九江甚中孔安國曰江於此州界分爲九道甚得地勢之中鄭玄曰地理志九江在尋陽南皆東合爲大江。索隱曰按尋陽記九江者烏江蚌江烏白江嘉靡江沙江畎江廩江隄江菌江又張湞九江圖所載有三

里五畂烏土白蚌九江之名不同沱涔已道孔安國曰沱江別名涔水名鄭玄曰水出江爲沱漢爲涔。索隱曰涔亦作潛沱出蜀郡郫縣西東入江潛出漢中安陽縣西北入漢故爾雅云水自江出爲沱漢出爲潛。正義曰括地志云繁江水受郫江禹貢曰岷山導江東別爲沱源出益州新繁縣潛水一名復水今名龍門水源出利州綿谷縣東龍門山大石穴下也雲夢土爲治孔安國曰雲夢之澤在江南其中有平土丘水去可爲耕作畂畝之治。索隱曰夢一作瞢鄒誕生又音蒙按雲土夢本二澤名蓋人以二澤相近或合稱雲夢耳知者據左傳云昭王寢於雲中又楚子鄭伯田于江南之夢則是二澤各別也韋昭曰雲土今爲縣屬江夏南郡華容今按地理志云江夏有雲杜縣是其土塗泥田下中賦上下孔安國曰田第八賦第三貢羽旄齒革金三品杶幹栝柏鄭玄曰四木名孔安國曰榦柘也柏葉松身曰栝礪砥砮丹孔安國曰砥細於礪皆磨石也砮石中矢鏃丹朱類也維箘簵楛徐廣曰一作箭足杆杆即楛也音怙箭足者矢鏃也或以箭足訓釋箘簵乎駰案鄭玄曰箘簵聆風也三國致

貢其名馬融曰言箘簵楛三國所致貢其名善也包匭菁茅鄭玄曰匭纏結也菁茅茅有毛刺者給宗廟縮酒重之故包裹又纏結也。正義曰括地志云辰州盧溪縣西南三百五十里有包茅山武陽記云山際出包茅有刺而三脊因名苞茅山其篚玄纁璣組孔安國曰此州染玄纁色善故貢之璣珠類生於水中組綬類也九江入賜大龜孔安國曰尺二寸曰大龜出於九江水中龜不常用賜命而納之浮於江沱涔於漢踰于雒至於南河荊河

惟豫州孔安國曰西南至荊山北距河水。正義曰括地志云荊山在襄州荊山縣西八十里韓子云卞和得玉璞於楚之荊山即此也何洛州北河也伊雒瀍澗既入於河孔安國曰伊出陸渾山洛出上洛山澗出澠池山瀍出河南北山四水合流而入河。索隱曰伊水出弘農盧氏縣東洛水出弘農上洛縣冢領山瀍水出河南穀城縣潛亭北澗水出弘農新安縣東皆入于河。正義曰括地志云伊水出虢州盧氏縣東巒山東北流入洛洛水出商州洛南縣冢嶺山東流經洛州郭內又各合伊水瀍水出洛州新安縣東南流至洛州郭內南

入洛澗水源出洛州新安縣東白石山東北與穀水合流經洛州郭內東流入洛也滎播既都孔安國曰滎澤名波水已成遏都。索隱曰古文尚書作滎波此及今文並云滎播播是水播溢之義滎是澤名故左傳云狄及衞戰於滎澤鄭玄云今塞爲平地滎陽人猶謂其處爲滎播道荷澤被明都孔安國曰荷澤在胡陵明都澤名在荷東北水流泆覆被之。索隱曰荷澤在濟陰定陶縣東明都音孟豬孟豬澤在梁國睢陽縣東北爾雅左傳謂之諸今文亦爲然惟周禮稱望諸皆此地之一名正義曰括地志云荷澤在曹州濟陰縣東北九十里定陶城東今名龍池亦名九卿陂其土壤下土墳壚孔安國曰壚疏也馬融曰豫州地有三等下者墳壚也田中上賦雜上中孔安國曰田第四賦第二又雜出第一貢漆絲絺紵其篚纖絮孔安國曰細綿也錫貢磬錯孔安國曰治玉石曰錯治磬錯也浮於雒達於河華陽黑水惟梁州孔安國曰東據華山之南西距黑水。正義曰括地志云黑水源出梁州城固縣西北太山汶嶓既蓺鄭玄曰地理志岷山在蜀郡湔氐道嶓冢山在漢陽西。索隱曰汶一作㟭又作岐岐山封禪書一云瀆在蜀都湔氐道西徼江水所出嶓冢山在隴西西縣漢水所出也。正義曰括地志云岷山在岷州益昌南一里連綿至蜀二千里皆名岷山嶓冢山在梁州金牛縣東二十八里湔音子賤反氐音丁奚反沱涔既道孔安國曰沱潛發源此州入荊州蔡蒙旅平孔安國曰蔡蒙二山名祭山曰旅平言治功畢也鄭玄曰地理志蔡蒙在漢嘉縣。索隱曰此非徐州之蒙蒙在蜀郡青衣縣青衣後改爲漢嘉蔡山不知所在也。正義曰括地志云蒙山在雅州嚴道縣南十里和夷底績馬融曰和夷地名也其土青驪孔安國曰色青黑也田下上賦下中三錯孔安国曰田第七賦第八雜出第七第九三等貢璆鐵銀鏤砮磬孔安國曰璆玉名鄭玄曰黃金之美者謂之鏐鏤剛鐵可以刻鏤也熊羆狐狸織皮孔安國曰貢四獸之皮也織皮今罽也西傾因桓是來馬融曰治西傾山因桓水是來言無餘道也鄭玄曰地理志西傾山在隴西臨洮。索隱曰西傾在隴西臨洮縣西南桓水出蜀郡岷山西南行羌中入海也。正義曰括地志云西傾山今嵹臺山在洮州臨澤縣西南三百三十六里**浮于潛踰于沔**孔安國曰漢上水爲沔鄭玄曰或謂漢爲沔**入于渭亂于河**孔安國曰正絕流曰亂**黑水西河惟雍州**孔安國曰西距黑水東據河龍門之河在冀州西○索隱曰地理志益州滇池有黑水祠鄭玄引他說云三危山黑水出其南山海經黑水出崑崙墟西北隅也**弱水既西**孔安国曰導之西流至於合黎鄭玄曰衆水皆東此獨西流也○索隱曰水經云弱水出張掖刪丹縣西北至酒泉會水縣入合黎山腹山海經云弱水出崑崙墟西南隅也**涇屬渭汭**孔安國曰屬逮也水北曰汭言治涇水入於渭也鄭玄曰地理志涇水出安定涇陽○索隱曰渭水出首陽縣鳥鼠同穴山說文云水相入曰汭○正義曰括地志云涇水源出原州百泉縣西南笄頭山涇谷渭水源出渭原縣西七十六里鳥鼠山今名青雀山渭有三源並出鳥鼠山東流入河按言理涇水及至渭水又理漆沮亦從渭流復理灃水亦同入渭者也**漆沮既從**正義曰括地志云漆水源出岐州普閏縣東南岐漆山漆溪東入渭沮水一名川水源出雍州冨平縣東入櫟陽縣南漢高帝於櫟陽置萬年縣十三州地理志云萬年縣南有涇渭北有小河即沮水也詩云古公去邠度漆沮即此二水**灃水所同**灃音豐孔安國曰漆沮之水已從入渭灃水所同於渭也○索隱曰漆沮二水漆水出右扶風漆縣西沮水地理志無文而水經以沮水出北地直路縣東過馮翊祋栩縣入洛說文亦以漆沮各是一水名孔安國獨以爲一又云是洛水灃水出右扶風鄠縣南東北過上林苑○正義曰括地志云雍州鄠縣終南山灃水出焉**荊岐已旅**孔安國曰荊在岐東非荊州之荊也○正義曰括地志云荊山在雍州冨平縣今名掘陵原岐山在岐州岐山縣東北十里尚書正義云洪水時祭祀禮廢已旅祭言理水功畢也按雍州荊山即黃帝及禹鑄鼎地也襄州荊山縣西荊山即卞和得玉璞者**終南敦物至于鳥鼠**孔安國曰三山名言相望也鄭玄曰地理志終南敦物皆在右扶風武功也○索隱曰按左傳中南山杜預以爲終南山地理志云太一山古文以爲終南華山古文以爲敦物皆在扶風武功縣東○正義曰括地志云終南山一名中南山一名太一山一名南山一名橘山一名楚山一名泰山一名周南山一名地脯山在雍州萬年縣南五十里**原隰底績至于都野**鄭玄曰地理志都野在武威名曰休

豬澤。正義曰原隰幽州也按原平高地也隰低下地也言從渭州致功西北至涼州都野沙州三危山也括地志云都野澤在涼州姑臧縣東北二百八十里**三危既度**索隱曰鄭玄引河圖及地說云三危山在鳥鼠西南與岐山相連度劉伯莊音田各反尚書作宅**三苗大序**孔安國曰西裔之山已可居三苗之族大有次序禹之功也**其土黃壤田上上賦中下**孔安國曰田第一賦第六人功少**貢璆琳琅玕**孔安國曰璆琳皆玉名琅玕石名而似珠者**浮於積石至於龍門西河**孔安國曰積石山在金城西南河所經也龍門山在河東之西界。索隱曰積石在金城河關縣西南龍門山在左馮翊夏陽縣西北。正義曰括地志云積石山今名小積山在河州枹罕縣西七里河州在京西一千四百七十二里龍門山在同州韓城縣北五十里李奇云禹鑿通河水處廣八十步三秦記云龍門水懸船而行兩旁有山水陸不通龜魚集龍門下數千不得上上則爲龍故云暴鰓點額龍門下按河在冀州西故云西河也禹發源河水小積石山浮河東北下歷靈勝北而南行至于龍門皆雍州城也**會于渭汭**正義曰水經云河水又南

至潼關渭水從西注之也**織皮昆侖析支渠搜西戎即序**孔安國曰織皮毛布此四國在荒服之外流沙之內羌髳之屬皆就次序之美禹之功及戎狄也。索隱曰鄭玄以爲衣皮之人居昆侖析支渠搜三山皆在西戎王肅曰昆侖在臨羌西析支在河關西戎在西域王肅以爲地名而不言渠搜今按地理志金城臨羌縣有昆侖祠敦煌廣至縣有昆侖障朔方有渠搜縣**道九山**索隱曰汧壺口砥柱太行西傾熊耳嶓冢內方岐是九山也古分爲三條故地理志有北條之荆山馬融以汧爲北條西傾爲中條嶓冢爲南條鄭玄分四列汧爲陰列西傾次陰列嶓冢爲陽列岐山次陽列**汧及岐至于荆山**鄭玄曰地理志汧在右扶風也。索隱曰汧一作岍按有汧水故其字或從山或從水猶岐山然也地理志云吳山在右扶風美陽縣西荆山在左馮翊懷德縣南也。正義曰括地志云汧山在隴州汧源縣西六十里其山東鄰汶岫西接隴岡汧水出焉岐山在岐州**踰于河壺口雷首**索隱曰雷首山在河東蒲坂縣東南**至于太嶽**孔安國曰三山在冀州太嶽在上黨西也。索隱曰即霍太山也已見上。正義曰括地志云壺口在慈州吉昌縣西南雷首

山在蒲州河東縣太嶽霍山也在沁州沁源縣**砥柱析城至于王屋**孔安國曰此三山在冀州之南河之北。索隱曰析城山在河東濩澤縣西南王屋山在河東垣縣東北水經云砥柱山在河東太陽縣南河水中也。正義曰括地志云底柱山俗名三門山硤石縣東北五十里黃河之中孔安國云底柱山名河水分流包山而過山見水中若柱然也括地志云析城縣在澤州西南七十里注水經云析城山甚高峻上平坦有二水東濁西清左右不生草木括地志云王屋山在懷州王屋縣北十里古今地名云山方七百里山高萬仞本冀州之河陽山也**太行常山至于碣石入于海**孔安國曰此二山連延東北接碣石而入於滄海。索隱曰太行山在河內山陽縣西北常山恒山是也在常山郡上曲陽縣西北。正義曰括地志云太行山在懷州河內縣北二十五里有羊腸坂恒山在定州恒陽縣西北百四十里道書福地記云恒山高三千三百丈上方二十里有大玄之泉神草十九種可度俗**西傾朱圉鳥鼠至于太華**鄭玄曰地理志云朱圉在漢陽南太華山在弘農華陰南孔安國曰鳥鼠山渭水所出在隴西之西。索隱曰圉一作圄朱圉山在天水冀縣南鳥鼠山在隴西首陽縣西南太華即敦物山**熊耳外方桐栢至于負尾**鄭玄曰地理志熊耳在盧氏東外方在潁川嵩高山桐栢山在南陽平氏東南陪尾在江夏安陸東北若橫尾者。索隱曰熊耳山在弘農盧氏縣東伊水所出外方山即潁川嵩高縣嵩高山古文尚書亦以為外方山桐栢山一名大復山在南陽平氏縣東南陪尾山在江夏安陸縣東北地理志謂之橫尾山負音陪也。正義曰括地志云華山在華州華陰縣界八里熊耳山在虢州盧氏縣南五十里嵩高山亦名太室山亦名外方山在洛州城陽縣北二十三里也桐栢山在唐州東南五十里淮水出焉橫尾山古陪尾山也在安州安陸縣北六十里**道嶓冢至于荊山**鄭玄曰地理志荊山在南郡臨沮。正義曰括地志云嶓冢山在梁州荊山在襄州荊山縣西八十里也又云荊山縣本漢臨沮縣地也沮水即漢水也按縣孫叔敖激沮水為雲夢澤是也**內方至于大別**鄭玄曰地理志內方在竟陵名立章山大別在盧江安豐縣。索隱曰內方山在竟陵縣東北大別山在大國安豐縣今土人謂之甑山。正義曰括地志云章山在荊州長林縣東北六十里今漢水附章山之東與經史符會按大別山今沙洲在山上漢江經其左今俗猶云甗山任云在安豐非漢所經也。**汶山之陽至于衡山**索隱曰在長沙湘南縣東南廣雅云岣嶁謂之衡山。正義曰括地志云岷山在茂州汶川縣衡山在衡州湘潭縣西四十一里**過九江至于敷淺原**徐廣曰淺一作滅駰案國語曰敷淺原一名博陽山在豫章**道九川**索隱曰弱黑河瀁江沇淮渭洛爲九川**弱水至於合黎**鄭玄曰地理志弱水出張掖孔安國曰合黎水名在流沙東。索隱曰水經云合黎山在酒泉會水縣東北鄭玄引地說亦以爲然孔安國云水名當是其山弱水故所記各不同。正義曰括地志云蘭門山一名合黎一名窮名山在甘州删丹縣西南七里淮南子云弱水源出窮名山又云合黎一名羌谷水一名鮮水一名覆表水今名副投河亦名張掖河南自吐谷渾界流入甘州張掖縣今按合黎水出臨路松山東而北流歷張掖故城下又北流經張掖縣二十三里又北流經合黎山折而北流經流砂磧之西入居延海行千五百里合黎山張掖縣西北二百里也**餘波入於流沙**孔安國曰弱水餘波西溢入流沙鄭玄曰地理志流沙居延西北名居延澤地記曰弱水西流入合黎山腹餘波入于流沙通於南海馬融王肅皆云合黎流沙是地名。索隱曰地理志張掖居延縣西北有居延澤古文以爲流沙廣志流沙在玉門關外有居延澤居延城又山海經云流沙出鍾山西南行昆侖墟入海按是地兼有水故一云地名一云水名馬鄭不同抑有由也**道黑水至于三危入于南海**鄭玄曰地理志益州滇池有黑水祠而不記此山水所在地記曰三危山在鳥鼠之西南孔安國曰黑水自北而南經三危過沙州入南海也。正義曰括地志云黑水源出伊吳縣北百二十里又南流二十里而絕三危山在沙州燉煌縣東南四十里按南海即揚州東大海岷江下至揚州東入海也其黑水源在伊州從伊州東南三千餘里至鄯州鄯州東南四百餘里至河州入黃河河州有小積石山即禹貢浮於積石至於龍門者然黃河源從西南下出大崑崙東北隅東北流經于闐入鹽澤即東南潛行入吐谷渾界大積石山又東北流至小積石山又東北流來處極遠無流其黑水當洪水時合從黃河而行何得入于南海去此甚遠阻隔南山龍山岷山之屬當是洪水浩浩處西戎不深致功古文故有疏略**道河積石**索隱曰爾雅云河出昆侖墟其色白漢書西域傳云河有兩源一出葱嶺一出于闐于闐河北流與葱嶺河合東注蒲昌海一名鹽澤其水停冬夏不增減其南出積石爲中國河是河源發昆侖禹導河自積石而加功也**至于龍門南至華陰**孔安國曰至華陰山北而東行。正義曰華陰縣在華山北本魏之陰晉縣秦惠文王更名寧秦漢高帝改曰華陰**東至砥柱**孔安國曰砥柱山名河水分流包山而過山見水中若柱然也在西虢之界。正義曰砥柱山俗名三門山禹鑿此山三道河水故曰三門也**又東至于盟津**孔安國曰在洛北。索隱曰盟古孟字孟津在河陰十三州記云河陽縣在於河上即孟津是也。正義曰杜預云盟河內郡河陽縣南孟津也在洛陽城北都道所湊古今爲津武王度之近代呼爲武濟括地志云盟津周武王伐紂與八百諸侯會盟津亦曰孟津又曰富平津水經云小平津今云河陽津是也**東過雒汭至于大邳**孔安國曰洛納洛入河處山再成曰邳。索隱曰爾雅云山一成曰邳或以爲成皐山是。正義曰李巡云山再重曰英一重曰邳括地志云大邳山今名黎陽東山又曰青壇山在衞州黎陽南七里張揖云今城皐非也**北過降水至于大陸**鄭玄曰地理志降水在信都南孔安國曰大陸澤名。索隱曰地理志絳水字從糸出信都國與雩池漳河水並流入海大陸在鉅鹿郡爾雅云晉有大陸郭璞以爲此澤也。正義曰括地志云降水源出潞州屯留縣西南方東北流與州入海**北播爲九河同爲逆河入于海**鄭玄曰下尾合名曰逆河言相逆受也。正義曰播布也河至冀州分布爲九河下至滄州更同合爲一大河名曰逆河而夾右碣石入於勃海也**嶓冢道瀁東流爲漢**鄭玄曰地理志瀁水出隴西氐道至武都爲漢至江夏謂之夏水。索隱曰水經云瀁水出隴西氐道縣嶓冢山東至武都沮縣爲漢水地理志云至江夏謂之夏水山海經亦以漢出嶓冢山故孔安國云泉始出山爲瀁水東南流爲沔水至漢中東行爲漢水。正義曰括地志云嶓冢山水始出山沮洳故曰沮水東南爲瀁水又爲沔水至漢中爲漢水至均州爲滄浪水始欲出大江爲夏口又爲沔口漢江一名沔江也**又東爲蒼浪之水**孔安國曰別流也在荆州。索隱曰馬融鄭玄皆以滄浪爲夏水即漢河之別流也漁父謌曰滄浪之水清兮可以濯吾纓是此水也。正義曰括地志云均州武當縣有滄浪水庾仲雍漢水記云武當縣西四十里漢水中有洲名滄浪洲也地記云水出荆山東南流爲滄浪水**過三澨入于大**

別孔安國曰三澨水名鄭玄曰在江夏竟陵之界。索隱曰水經云三澨地名在南郡郼縣北孔安國鄭玄以爲水名今竟陵有三參水俗云是三澨水參音去聲南入于江東匯澤爲彭蠡孔安國曰匯回也水東回爲彭蠡大澤東爲北江入于海孔安國曰自彭蠡江分爲三道入震澤遂爲北江而入海汶山道江東別爲沱又東至于醴孔安國曰馬融王肅皆以醴爲水名鄭玄曰醴陵名也大阜曰陵長沙有醴陵縣。索隱曰按騷人所歌濯余佩於醴浦明醴是水孔安國馬融解得其實又虞喜志林以醴是江沅之別流而醴字作澧也過九江至于東陵孔安國曰東陵地名東迆北會于匯孔安國曰迆溢也東溢分流都共北會彭蠡東爲中江入于海孔安國曰有北有中南可知也。正義曰括地志云禹貢三江俱會於彭蠡合爲一江入于海道沇水東爲濟入于河泆爲滎鄭玄曰地理志沇水出河東東垣王屋山東至河內武德入河泆爲滎孔安國曰濟在溫西北滎澤在敖倉東南。索隱曰水經云自河東垣縣王屋山東流爲沇水至溫縣西北爲濟水。正義曰括地志云兗水出懷州王屋縣北十里王屋山頂崖下石泉渟不流其深不測至縣西北二里平地其源重發而東南流爲汜水水經云汜東至溫縣西北爲沛水又南當鞏之南北入于河釋名云濟者濟也下濟子細反按濟水入河而南截度河南岸溢滎澤在鄭州滎澤縣西北四里今無水成平地東出陶丘北孔安國曰陶丘丘再成者也鄭玄曰地理志陶丘在濟陰定陶西北。正義曰括地志云陶丘在濮州鄄城西南二十四里又云在曹州城中徐才宗國都記云此城中高丘即古之陶丘又東至于荷孔安國曰荷澤之水又東北會于汶正義曰汶音問地理志云汶水出泰山郡萊蕪縣原山西南入泲又東北入于海道淮自桐栢正義曰地理志云桐栢山在南陽平氏縣東南淮水所出按在唐州東五十餘里東會于泗沂東入于海孔安國曰與沂泗二水合入海也道渭自鳥鼠同穴孔安國曰鳥鼠共爲雄雌同穴處此山遂名曰鳥鼠渭水出焉。正義曰括地志云鳥鼠山今名青雀山在渭州渭源縣西七十六里山海經云鳥鼠同穴之山渭水出焉郭璞注云今在隴西首陽縣西南山有鳥鼠同穴鳥名鵌鼠名鼵如人家鼠而短尾鵌似鵽而小黃黑色穴入地三四尺鼠在內鳥在外鵌音余鼵扶發反鵽音丁刮反似雉也東會于灃正義曰灃音豐括地志云雍州鄠縣終南山灃水出焉北入渭也又東北至于涇正義曰括地志云涇水出原州百泉縣西南笄頭山涇谷東南流入渭也東過漆沮入于河孔安國曰漆沮二水名亦曰洛水出馮翊北道雒自熊耳孔安國曰在宜陽之西。正義曰括地志云洛水出商州洛南縣西冢嶺山東北流入河熊耳山在虢州盧氏縣南五十里洛所經東北會于澗瀍孔安國曰會於河南城南。正義曰括地志云澗水出洛州新安縣東白石山之陰地理志云瀍水出河南穀城縣替亭北東南入於洛又東會于伊孔安國曰會於雒陽之南東北入于河孔安國曰合於鞏之東也於是九州攸同四奧既居孔安國曰四方之邑已可居也九山栞旅孔安國曰九州名山已槎木通道而旅祭也九川滌原孔安國曰九州之川已滌除無壅塞也九澤

既陂孔安國曰九州之澤皆已陂障無決溢也四海會同六府甚修孔安國曰六府金木水火土穀衆土交正致慎財賦鄭玄曰衆土美惡及高下得其正矣亦致其貢篚慎奉其財物之稅皆法定制而入之也咸則三壤成賦鄭玄曰三壤上中下各三等也中國賜土姓祗台德先不距朕行鄭玄曰中即九州也天子建其國諸侯祚之土賜之姓命之氏其敬悅天子之德既先又不距違我天子政教所行令天子之國以外五百里甸服孔安國曰爲天子之服治田去王城面五百里內百里賦納總孔安國曰甸內近王城者禾稾曰總供食國之馬也。索隱曰說文云總聚束草也二百里納銍孔安國曰所銍刈謂禾穗。索隱曰說文云銍穫禾短鐮也三百里納秸服孔安國曰秸稾也服稾役。索隱曰禮郊特牲云蒲越稾秸之美則秸是稾之類也四百里粟五百里米孔安國曰所納精者少麤者多甸服外五百里侯服孔安國曰侯候也斥候而服事也

百里采馬融曰采事也各受王事者二百里任國孔安國曰任王事者三百
里諸侯孔安國曰三百里同爲王者斥候故合三爲一名侯服外五百里綏
服孔安國曰綏安也服王者政教三百里揆文教孔安國曰揆度也度王者文教而行之三
百里皆同二百里奮武衛孔安國曰文教之外二百里奮武衛天子所以安之綏服
外五百里要服孔安國曰要束以文教也三百里夷孔安國曰守平常之教事
王者而已二百里蔡馬融曰蔡法也受王者刑法而已要服外五百里荒
服馬融曰政教荒忽因其故俗而治之三百里蠻馬融曰蠻慢也禮簡怠慢來不距去不禁二百
里流馬融曰流行無城郭常居東漸于海西被于流沙朔南暨
鄭玄曰朔北方也聲教訖于四海於是帝錫禹玄圭以告
成功于天下正義曰帝堯也玄水也以禹理水功成故錫玄圭以表顯之自此已上並尚書禹貢文

天下於是太平治皋陶作士正義曰士若大理卿也以理民
帝舜朝禹伯夷皋陶相與語帝前皋陶述其謀
曰信其道德謀明輔和禹曰然如何皋陶曰於
正義曰音烏歎美之辭慎其身修正義曰以修爲絶句思長孔安國曰慎修其身思爲長久
之道敦序九族衆明高翼近可遠在已鄭玄曰次序九族而親之
以衆明作羽翼之臣此政由近可以及遠也禹拜美言曰然皋陶曰於在
知人在安民禹曰吁皆若是惟帝其難之孔安國曰
言帝堯亦以爲難知人則智能官人能安民則惠黎民懷
之能知能惠何憂乎驩兜何遷乎有苗何畏乎
巧言善色佞人鄭玄曰禹爲父隱故言不及鯀皋陶曰然於亦行

有九德亦言其有德乃言曰始事事孔安國曰言其人有德必言其所行事因事以爲驗寬而栗孔安國曰性寬弘而能莊栗柔而立孔安國曰和柔而能立事愿而共孔安國曰慤愿而恭敬治而敬擾而毅徐廣曰擾一作柔駰案孔安國曰擾順也致果爲毅直而溫簡而廉剛而實彊而義章其有常吉哉孔安國曰章明也吉善也日宣三德蚤夜翊明有家孔安國曰三德九德之中有其三也卿大夫稱家明行之可以爲卿大夫日嚴振敬六德亮采有國孔安國曰嚴敬也行六德以信治政事可爲諸侯也馬融曰亮信采事也翕受普施九德咸事俊乂在官孔安國曰翕合也能合受三六之德而用之以布施政教使九德之人皆用事謂天子也如此則俊德理能之士並皆在官也百吏肅謹毋教邪淫奇謀非其人居其官是謂亂天事索隱曰此取尚書皋陶謨爲文斷絕殊無次序即班固所謂疎略牴梧是也今亦不能深考天討有罪五刑五用哉孔安國曰言用五刑必當吾言底可行乎禹曰女言致可績行皋陶曰余未有知思贊道哉正義曰皋陶云我未有所知思之審贊於古道耳謙辭也已上並尚書皋陶謨文略其經不全備也帝舜謂禹曰汝亦昌言禹拜曰於予何言予思日孳孳皋陶難禹曰何謂孳孳禹曰鴻水滔天浩浩懷山襄陵下民皆服於水予陸行乘車水行乘舟泥行乘橇山行乘檋行山栞木正義曰行寒孟反栞口寒反與益予衆庶稻鮮食孔安國曰鳥獸新殺曰鮮○索隱曰予音與上與謂同與之與下予謂施予之予此禹言其與益施予衆庶之稻糧以決九川致四海浚畎澮鄭玄曰畎澮田間溝也致之川與稷予

衆庶難得之食食少調有餘補不足徙居衆民乃定萬國爲治皐陶曰然此而美也禹曰於帝愼乃在位安爾止鄭玄曰安汝之所止無妄動動則擾民輔德天下大應清意以昭待上帝命天其重命用休鄭玄曰天將重命汝以美應謂符瑞也帝曰吁臣哉臣哉臣作朕股肱耳目予欲左右有民女輔之馬融曰我欲左右助民汝當翼成我也余欲觀古人之象日月星辰作文繡服色女明之予欲聞六律五聲八音來始滑以出入五言女聽尚書滑字作曶音忽鄭玄曰曶者臣見君所秉書思對命者也君亦有焉以出內政教於五官○索隱曰古文尚書作在治曶今文作采政忽先儒各隨字解之今此云來始滑於義無所通蓋來采字相近滑忽聲相亂始又與治相似因誤爲來始滑今依今文音采政忽三字劉伯莊云聽諸侯能爲政及忽怠者是也五言謂仁義禮智信五德之言鄭玄以爲出納政教五官非也予即辟女匡拂予女無面諛退而謗予敬四輔臣尚書大傳曰古者天子必有四鄰前曰疑後曰丞左曰輔右曰弼諸衆讒嬖臣君徐廣曰臣一作吾○索隱曰諸衆讒嬖臣爲一句君字宜屬下文德誠施皆清矣禹曰然帝即不時布同善惡則毋功孔安國曰帝用臣不是則賢愚並位優劣同流故也帝曰正義曰此二字及下禹曰尚書並無太史公有四字帝及禹相荅極爲次序當應別見書毋若丹朱傲維慢游是好毋水舟行朋淫于家鄭玄曰朋淫淫門內用絶其世予不能順是禹曰予辛壬娶塗山癸甲生啓孔安國曰塗山國名辛日娶妻至于甲四日復往治水○索隱曰杜預云塗山在壽春東北皇甫謐云今九江當塗有禹廟則塗山在江南也系本曰塗山氏女名女媧是禹娶塗山氏號女媧也又按

尚書云娶于塗山辛壬癸甲啓呱呱而泣予弗子今此云辛壬娶塗山癸甲生啓蓋今文尚書脫漏太史公取爲言亦不稽其本意豈有辛壬娶妻經二日生子不經之甚予不子正義曰此三字爲一句禹辛日娶至甲四日往理水及生啓不入門我不得名子以故能成水土之功又一云過門不入不得有子愛之心帝繫云禹娶塗山氏之子謂之女嬌是生啓也以故能成水土功輔成五服至于五千里州十二師外薄四海正義曰爾雅云九夷八狄七戎六蠻謂之四海釋名云海晦也按夷蠻晦昧無知故云四海也咸建五長孔安國曰薄迫言至海也諸侯五國立賢者一人爲方伯謂之五長以相統治各道有功苗頑不即功孔安國曰三苗頑凶不得就官善惡分別帝其念哉帝曰道吾德乃女功序之也皋陶於是敬禹之德令民皆則禹不如言刑從之索隱曰謂不用命之人則亦以刑罰而從之舜德大明於是夔行樂正義曰若今太常卿也

祖考至羣后相讓鳥獸翔舞簫韶九成鳳皇來儀孔安國曰簫韶舜樂名備樂九奏而致鳳皇也百獸率舞百官信諧帝用此作歌曰陟天之命維時維幾孔安國曰奉正天命以臨民惟在順時惟在慎微乃歌曰股肱喜哉元首起哉百工喜哉孔安國曰股肱之臣喜樂盡忠君之治功乃起百官之業乃廣皋陶拜手稽首揚言曰念哉鄭玄曰使羣臣念帝之戒率爲興事慎乃憲敬哉孔安國曰率臣下爲起治之事當慎汝法度敬其職乃更爲歌曰元首明哉股肱良哉庶事康哉舜又歌曰元首叢脞哉股肱惰哉萬事墮哉孔安國曰叢脞細碎無大略也君如此則臣懈惰萬事墮廢也帝拜曰然往欽哉於是天下皆宗禹之明度數聲樂徐廣曰舜本紀

(一云禹乃興九韶之樂)爲山川神主帝舜薦禹於天爲嗣十七
年(劉熙曰若此則舜格于文祖三年之後攝禹使得祭祀與)而帝舜崩三年喪畢禹
辭辟舜之子商均於陽城(劉熙曰今潁川陽城是也)天下諸侯
皆去商均而朝禹禹於是遂即天子位(皇甫謐曰都平陽或
在安邑或在晉陽)南面朝天下國號曰夏后姓姒氏(禮緯曰祖
以吞薏苡生)帝禹立而舉皐陶薦之且授政焉而皐
陶卒(正義曰帝王紀云皐陶生於曲阜曲阜偃地故帝因之而以賜姓曰偃堯禪舜命之作士舜禪禹禹即帝位以咎陶最賢薦之於天將有禪之意未及禪會皐陶卒括地志云咎繇墓在壽州安豐縣南一百三十里故六城東東都陂内大冢也)封皐陶之後於英六(徐廣曰史記皆作英字而以英布是此苗裔。索隱曰地理志云安國六縣咎繇後偃姓所封國英地闕不知所在以爲黥布是其後也。正義曰英蓋蓼也括地志云光州
固始縣本春秋時蓼國偃姓皐陶之後也左傳云子燮滅蓼太康地志云蓼國先在南陽故縣今豫州鄎縣界故胡城是後徙於此括地志云故六城在壽州安豐縣南一百三十二里春秋文五年秋楚成大心滅之)或在許(皇覽曰皐陶冢在盧江六縣。索隱曰許在潁川。正義曰括地志云許故城在許州許昌縣南三十里本漢許縣故許國也)

而后舉益任之政十年帝禹東巡狩至于會稽
而崩(皇甫謐曰年百歲也)以天下授益三年之喪畢益讓帝
禹之子啓而辟居箕山之陽(孟子曰陽字一作陰劉熙曰崇高之北。正義曰按陰即陽城也括地志云陽城縣在箕山北十三里又恐箕字誤本是嵩高字而字相似其陽城縣在嵩山南二十三里則爲嵩高山之陽也)禹子啓賢天下屬意焉及禹崩雖授益
益之佐禹日淺天下未洽故諸侯皆去益而朝
啓曰吾君帝禹之子也於是啓遂即天子之位

是爲夏后帝啓夏后帝啓禹之子其母塗山氏之女也有扈氏不服地理志曰扶風鄠縣是扈國。正義曰括地志云雍州南鄠縣本夏之扈國也地理志云鄠縣古扈國有戶亭訓纂云戶扈鄠三字一也古今字不同耳啓伐之大戰於甘馬融曰甘有扈氏南郊地名。索隱曰夏啓所伐鄠南有甘亭將戰作甘誓乃召六卿申之孔安國曰天子六軍其將皆命卿也啓曰嗟六事之人孔安國曰各有軍事故曰六事予誓告女有扈氏威侮五行怠棄三正鄭玄曰五行四時盛德所行之政也威侮暴逆之三正天地人之正道天用勦絶其命孔安國曰勦截也今予維共行天之罰孔安國曰共奉也左不攻于左右不攻于右女不共命鄭玄曰左車左右車右御非其馬之政女不共命孔安國曰御以正馬爲政也三者有失皆不奉我命也用命賞

于祖孔安國曰天子親征必載遷廟之祖主行有功即賞祖主前示不專也不用命僇于社孔安國曰又載社主謂之社事奔北則僇之社主前社主陰陰主殺也予則帑僇汝孔安國曰非但止身辱及汝子言恥累之遂滅有扈氏天下咸朝夏后帝啓崩徐廣曰皇甫謐曰夏啓元年甲辰十年癸丑崩子帝太康立帝太康失國孔安國曰盤于遊田不恤民事爲羿所逐不得反國昆弟五人索隱曰皇甫謐云號五觀也須于洛汭作五子之歌孔安國曰太康五弟與其母待太康于洛水之北怨其不反故作歌太康崩弟中康立是爲帝中康帝中康時羲和湎淫廢時亂日孔安國曰羲氏和氏掌天地四時之官太康之後沈湎于酒廢天時亂甲乙也胤往征之作胤征孔安國曰胤國之君受王命往征之鄭玄曰胤臣名中康崩子帝相立帝相崩子帝少康立索隱曰左傳魏

莊子曰昔有夏之衰也后羿自鉏遷于窮石因夏人而代夏
政恃其射也不修人事而信用伯明氏之讒子寒浞浞煞羿
亨之以食其子子不忍食煞于窮門浞因羿室生澆及殪使
澆滅斟灌氏及斟尋氏而相爲澆所滅后緡歸于有仍生少
康有夏之臣靡自有鬲收二國之燼以滅浞而立少康少康
滅澆于過后杼滅殪于戈有窮遂亡然則帝相自被篡煞中
間經羿浞二氏蓋三數十年而此紀揔不言之直云帝相崩
子少康立疎略之甚。正義曰帝王紀云帝羿有窮氏未聞
其姓何先帝嚳以上世掌射正至嚳賜以彤弓素矢封之於
鉏爲帝司射歷虞夏羿學射於吉甫其臂長故以善射聞及
夏之衰自鉏遷于窮石因夏民以代夏篡帝相徙于商丘依
同姓諸侯斟尋羿恃其善射不脩民事淫于田獸棄其良臣
武羅伯姻熊髠尨圉而信寒浞寒浞伯明氏之讒子伯明后
以讒棄之而羿以爲已相寒浞殺羿於桃梧而烹之以食其
子其子不忍食之死于窮門浞遂代夏立爲帝寒浞襲有窮
之號因羿之室生奡及殪奡多力能陸地行舟使奡帥師滅
斟灌斟尋殺夏帝相封奡於過封殪於戈恃其詐力不恤事
初奡之殺帝相也妃仍氏女曰后緡歸有仍生少康初夏之
貴臣曰靡事羿羿死逃於有鬲氏收斟尋二國餘燼殺寒浞
立少康滅奡于過后杼滅殪於戈有窮遂亡也按帝相被篡
歷羿浞二世四十年而此紀不說亦馬遷所爲疎略也奡音
五告反殪音許器反括地志云故鉏城在滑州衛城縣東十
里晉地記云河南有窮谷蓋本有窮氏所遷也括地志云商
丘今宋州也斟灌故城在青州壽光縣東五十四里斟尋故
城今青州北海縣是也故過鄉亭在萊州掖縣西北二十里
本過國地故鬲城在洛州密縣界杜預云國名今平原鬲縣
也戈在宋鄭之間也寒國在北海平壽縣東寒亭也伯明其
君也臣瓚云斟尋在河南蓋後遷北海也汲冢古文云太康
居斟尋羿亦居之桀又居之尚書云太康失邦兄弟五人須
于洛汭此即太康居之爲近洛也又吳起對魏武侯曰夏桀
之居左河濟右太華伊闕在其南羊腸在其北又周書度邑
篇云武王問太公吾將因有夏之居即河南是也括地志云
故鄩城在洛州鞏縣西南五十八里蓋桀所居也陽翟縣又是禹所封爲夏伯**帝少康崩子帝**
予立索隱曰音佇系本云季佇作甲者也左傳曰杼滅殪于戈國語云杼能師禹者也**帝予崩**
子帝槐立索隱曰槐音回系本作帝芬**帝槐崩子帝芒立**索隱曰音亡鄒
誕生又音荒也**帝芒崩子帝泄立帝泄崩子帝不降立**索隱

曰系本作帝降帝不降崩弟帝扃立帝扃崩子帝廑立索
隱曰音覲鄒誕生又音勤帝廑崩立帝不降之子孔甲是為帝
孔甲帝孔甲立好方鬼神事淫亂夏后氏德衰
諸侯畔之天降龍二有雌雄孔甲不能食正義音寺
未得豢龍氏賈逵曰豢養也穀食曰豢陶唐既衰其後有劉累
服虔曰后劉累之為諸侯者夏后賜之姓。正義曰括地志云劉累故城在洛州緱氏縣南五十五里乃劉累舊之故地
也學擾龍應劭曰擾音柔擾馴也能順養得其嗜慾于豢龍氏以事孔甲
孔甲賜之姓曰御龍氏服虔曰御亦養受豕韋之後徐廣
曰受一作更駰案賈逵曰劉累之後至商不絕以代豕韋之後祝融之後封於豕韋殷武丁滅之以劉累之後代之。索
隱曰按系本豕韋防姓龍一雌死以食夏后夏后使求懼而

遷去賈逵曰夏后既饗而又使求致龍劉累不能得而懼也傳曰遷于魯縣孔甲崩子帝
皋立帝皋崩左傳曰皋墓在殽南陵子帝發立帝發崩子帝
履癸立是為桀索隱曰桀名也按系本帝皋生發及桀此以發生桀皇甫謚同也帝桀
之時謚法賊人多殺曰桀自孔甲以來而諸侯多畔夏桀不
務德而武傷百姓百姓弗堪迺召湯而囚之夏
臺索隱曰獄名夏曰均臺皇甫謚云地在陽翟是也已而釋之湯修德諸侯
皆歸湯湯遂率兵以伐夏桀桀走鳴條孔安國曰地在安邑
之西鄭玄曰南夷地名遂放而死徐廣曰從禹至桀十七君十四世駰案汲冢紀年曰有王與無王用
歲四百七十一年矣。正義曰括地志云廬州巢縣有巢湖即尚書成湯伐桀放於南巢者也淮南子云湯敗桀於歷山
與末喜同舟浮江奔南巢之山而死國語云滿於巢湖又云夏桀伐有施施人以妹喜女焉女音女慮反桀謂

人曰吾悔不遂殺湯於夏臺使至此湯乃踐天子位代夏朝天下湯封夏之後正義曰括地志云夏亭故城在汝州郟城縣東北五十四里蓋夏后所封也至周封於杞也正義曰括地志云汴州雍丘縣古杞國城也周武王封禹後號東樓公也

太史公曰禹爲姒姓其後分封用國爲姓故有夏后氏有扈氏有男氏斟尋氏彤城氏襃氏費氏徐廣曰一云斟氏尋氏。索隱曰系本男作南尋作鄩費作弗而不云彤城及襃按周有彤伯蓋彤城氏之後張敖地理記云濟南平壽縣其地即古斟尋國又下云斟戈氏按左傳系本皆云斟灌氏杞氏繒氏辛氏冥氏斟氏戈氏孔子正夏時學者多傳夏小正云禮運稱孔子曰我欲觀夏道是故之杞而不足徵也吾得夏時焉鄭玄曰得夏四時之書其存者有小正。索隱曰小正大戴記篇名正征二音

自虞夏時貢賦備矣或言禹會諸侯江南計功而崩因葬焉命曰會稽會稽者會計也皇覽曰禹冢在山陰縣會稽山上會稽山本名苗山在縣南去縣七里越傳曰禹到大越上苗山大會計爵有德封有功因而更名苗山曰會稽因病死葬葦棺穿壙深七尺上無瀉泄下無邸水壇高三尺土堦三等周方一畝呂氏春秋曰禹葬會稽不煩人徒墨子曰禹葬會稽衣衾三領桐棺三寸地理志云山上有禹井禹祠相傳以爲下有羣鳥耘田也。索隱曰抵至也音丁礼反葦棺者以葦爲棺謂蘧篨而斂非也禹雖儉約豈萬乘之主而臣子乃以蘧篨裹尸乎墨子言桐棺三寸差近人情。正義曰括地志云禹陵在越州會稽縣南十三里廟在縣東南十一里

索隱述贊曰

堯遭洪水　黎人阻飢　禹勤溝洫

手足胼胝　言乘四載　動履四時

娶妻有日　過門不私　九土既理
玄圭錫兹　帝啓嗣立　有扈違命
五子作歌　太康失政　羿浞斯侮
夏室不競　降于孔甲　擾龍乖性
嗟彼鳴條　其終不令

史計叁阡貳伯玖拾玖字
註壹萬肆阡叁伯玖拾肆字

夏本紀第二　史記二

殷本紀第三　史記三

殷契索隱曰契始封商其後裔盤庚遷殷殷在鄴南遂爲天下號契是殷家始祖故言殷契。正義曰括地志云相州安陽本盤庚所都即北冢殷墟南去朝歌城百四十六里竹書紀年云盤庚字也北冢曰殷墟南去鄴四十里是舊都城西南三十里有洹水南岸三里有安陽城西有城名殷墟所謂北冢者也今按洹水在相州北四里安陽城即相州外城也母曰簡狄索隱曰舊本作易狄音同又作逷吐歷反有娀氏之女淮南子曰有娀在不周之北。正義曰按記云桀敗於有娀之墟有娀當在蒲州也爲帝嚳次妃三人行浴見玄鳥墮其卵簡狄取吞之因孕生契索隱曰譙周云契生堯代舜始舉之必非嚳子以其父微故不著名其母娀氏女與宗婦三人浴于川玄鳥遺卵簡狄吞之則簡狄非帝嚳次妃明也契長而佐禹治水有功帝舜乃命契曰百姓不親五品不訓汝爲司徒而敬敷五教五教在寬封於商鄭玄曰商國在大華之陽皇甫謐曰今上洛商是也。索隱曰堯封契於商即詩商頌云有娀方將帝立子生商是也。正義曰括地志云商州東八十里商洛縣本商邑古之商國帝嚳之子卨所封也賜姓子氏禮緯曰祖以玄鳥生子也。正義曰括地志云故子城在渭州華城縣東北八十里蓋子姓之別邑契興於唐虞大禹之際功業著於百姓百姓以平契卒子昭明立昭明卒子相土立宋衷曰相土就契封於商春秋左氏傳曰閼伯居商丘相土因之。索隱曰相土佐夏功著於商詩頌曰相土烈烈海外有截是也左傳曰昔陶唐氏火正閼伯居商丘相土因之是始封商也。正義曰括地志云宋州城古閼伯之墟即商丘也又云羿所封之地相土卒子昌若立昌若卒子曹圉立索隱曰系本作作粮圉也曹圉卒正義曰圉音語出系本子冥立宋衷曰冥爲司空勤其官事死於水中殷人郊之。索隱曰禮曰冥勤其官而水死殷人祖契而郊冥也冥卒子振立索隱曰系本作核振卒子微立索隱曰皇甫謐云微字上甲其母以甲日生故也商家生子以日爲名蓋自微始譙周以爲死稱廟主曰甲也微卒子報丁立報丁卒子報乙立報乙卒子報丙立報丙卒子主壬立主壬卒子主癸立主癸卒子天乙立是爲成湯張晏曰禹湯皆字也二王去唐虞之文從高陽之質故夏殷之王皆以名爲號謚法曰除虐去殘曰湯。索隱曰湯名履書曰予小子履是也又稱天乙者譙周云夏殷之禮生稱王死稱廟主皆以帝名配之天亦帝也殷人尊湯故曰天乙從契至湯凡十四代故國語曰玄王勤商十四代興玄王契也成湯自契至湯八遷孔安國曰十四世凡八徙國都湯始居亳皇甫謐曰梁國穀熟爲南亳即湯都也。正義曰括地志云宋州穀熟縣西南三十五里南亳故城即南亳湯都也宋州北五十里大蒙城爲景亳湯所盟地因景山爲名河南偃師爲西亳帝嚳及湯所都盤庚亦從都之從先王居孔安國曰契父帝嚳都亳湯自商丘遷焉故曰從先王居。正義曰按亳偃師城也商丘宋州也湯即位都南亳後徙西亳也括地志云亳邑故城在洛州偃師縣西十四里本帝嚳之墟商湯之都也作帝誥索隱曰一作俈上云從先王居故作帝俈孔安國以爲作誥告先王言已來居亳也湯征諸侯孔安國曰爲夏方伯得專征伐葛伯不祀湯始伐之孟子曰湯居亳與葛伯爲鄰地理志曰葛今梁國寧陵之葛鄉湯曰予有言人視水見形視民知治不伊尹曰明哉言能聽道乃進君國子民爲善者皆在王官勉哉勉哉湯曰汝不能敬命予大罰殛之無有攸赦作湯征伊尹名阿衡索隱曰孫子兵書伊尹名摯孔安國亦曰伊摯然解者以阿衡爲官名按阿倚也衡平也言依倚而取平書曰惟嗣王弗惠于阿衡亦曰保衡皆伊尹之官號非名也皇甫謐云伊尹力牧之後生於空桑又呂氏春秋云有侁氏女採得嬰兒于空桑後居伊水命曰伊尹尹正也謂湯使之正天下阿衡欲干湯而無由乃爲有

莘氏媵臣列女傳曰湯妃有莘氏之女。正義曰括地志云古莘國在汴州陳留縣東五里故莘城是也
陳留風俗傳云陳留外黄有莘昌亭本宋地莘氏邑也媵翊剩反爾雅云媵將送也負鼎俎以滋
味說湯致于王道或曰伊尹處士湯使人聘迎
之五反然後肯往從湯言素王及九主之事劉向
別錄曰九主者有法君專君授君勞君等君寄君破君國君三歲社君九九品圖畫其形。索隱曰按素王者太素上皇
其道質素故稱素王九主者三皇五帝及夏禹也或曰九主謂九皇也然按註劉向所稱九主載之七錄名稱甚奇不知
所憑據耳法君謂用法嚴急之君若秦孝公及始皇等也勞君謂勤勞天下若禹稷等也等君者平也謂定等威均祿
賞若高祖封功臣侯雍齒也授君謂人君不能自理而政歸其臣若燕王噲授子之禹授益之比也專君謂專己獨斷不
任賢臣若漢宣之比也破君謂輕敵致寇國滅君死若楚戊吳濞等是也寄君謂人困於下主驕於上離析可待故孟軻
謂之寄君也國君當爲固字之訛耳固謂完城郭利甲兵而不修德若三苗智伯之類也三歲社君謂在繈褓而主社

稷若周成王漢昭平等是也又註本九主謂法君勞君等君專君授君破君國君以三歲社君爲二恐非湯舉
任以國政伊尹去湯適夏既醜有夏復歸于亳
入自北門遇女鳩女房作女鳩女房孔安國曰鳩房二人湯之
賢臣也二篇皆所以醜夏而還之意也湯出見野張網四面祝曰自天
下四方皆入吾網湯曰嘻盡之矣乃去其三面
祝曰欲左左欲右右不用命乃入吾網諸侯聞
之曰湯德至矣及禽獸當是時夏桀爲虐政淫
荒而諸侯昆吾氏爲亂正義曰帝嚳時陸終之長於夏臺子昆吾氏之後也世本
云昆吾者衛氏是湯乃興師率諸侯伊尹從湯湯自把鉞
以伐昆吾遂伐桀湯曰格汝眾庶來女悉聽朕

言匪台小子 馬融曰台我也 敢行舉亂有夏多罪予維聞
女衆言夏氏有罪予畏上帝不敢不正 孔安國曰不敢不正
桀之罪而誅之 今夏多罪天命殛之今女有衆女曰我君
不恤我衆舍我嗇事而割政 孔安國曰奪民農功而為割剝之政 女其
曰有罪其柰何夏王率止衆力率奪夏國 孔安國曰
桀之君臣相率遏止衆力使不得事農相率割剝夏之邑居 有衆率怠不和 馬融曰衆民相
率怠惰不和同 曰是日何時喪予與女皆亡 尚書大傳曰桀云天之有日猶
吾之有民日有亡哉日亡吾亦亡矣 夏德若茲今朕必往爾尚及予
一人致天之罰予其大理女 尚書理字作賚鄭玄曰賚賜也 女毋
不信朕不食言 索隱曰左傳云食言多矣能無肥乎是謂妄言為食言 女不從

誓言予則帑僇女無有攸赦以告令師作湯誓
於是湯曰吾甚武號曰武王 詩云武王載旆有虔秉鉞毛傳曰武王湯也
桀敗於有娀之虛桀犇於鳴條 正義曰括地志云高涯原在蒲州安
邑縣北三十里南坂口即古鳴條陌也鳴條戰地在安邑西 夏師敗績湯遂伐三
嵏俘厥寶玉 孔安國曰三嵏國名桀走保之今定陶也俘取也。正義曰括地志云曹州濟陰縣即古
定陶也東有三嵏亭是也 義伯仲伯作典寶 孔安國曰二臣作典寶一篇言國之常寶也
湯既勝夏欲遷其社不可 孔安國曰欲變置社稷而後世無及句龍者故不可
而止 作夏社 孔安國曰言夏社不可遷之義 伊尹報 徐廣曰一云伊尹報政 於是
諸侯必服湯乃踐天子位平定海內湯歸至于
泰卷陶 徐廣曰一無此陶字孔安國曰地名湯自三嵏而還。索隱曰鄒誕生卷作餉又作泂則卷當為坰

與尚書同非衍字也其下陶字是衍耳何以知然解尚書者以大垌今定陶是也舊本或傍記其地名後人轉寫遂衍斯字也。正義陶古銘反中䴎作誥孔安國曰仲虺湯左相奚仲之後。索隱曰仲虺二音䴎作壘音如字尚書又作虺也既絀夏命孔安國曰絀其王天命還亳作湯誥維三月王自至於東郊告諸侯羣后毋不有功於民勤力廼事予乃大罰殛女毋予怨曰古禹皐陶久勞于外其有功乎民民乃有安東為江北為濟西為河南為淮四瀆已脩萬民乃有居后稷降播農殖百穀三公咸有功于民故后有立徐廣曰一作土。索隱曰謂禹皐陶有功於人建立其後故云有立昔蚩尤與其大夫作亂百姓帝乃弗予音與有狀索隱曰帝天也謂蚩尤作乱上天乃不佑之是為弗與有狀言其罪

大而有形狀故黃帝滅之先王言不可不勉索隱曰先王指黃帝帝堯帝舜等言禹咎繇以久勞于外故後有立及蚩尤作乱天不佑之乃致黃帝滅之皆是先王賞有功誅有罪言今汝不可不勉此湯誡其臣曰不道毋之在國徐廣曰之一作政。索隱曰不道猶無道也又誡諸侯云汝為不道我則無令汝之在國女毋我怨以令諸侯伊尹作咸有一德王肅曰言君臣皆有一德。索隱曰按尚書伊尹作咸有一德在太甲時太史公記之於斯謂成湯之日其言又失次序咎單作明居馬融曰咎單湯司空也明居民之法也湯乃改正朔易服色上白朝會以晝湯崩皇覽曰湯冢在濟陰亳縣北東郭去州三里冢四方方各十步高七尺上平處平地漢哀帝建平元年大司空御史長卿案行水災因行湯冢劉向曰殷湯无葬處皇甫謐曰即位十七年而踐天子位為天子十三年年百歲而崩。索隱曰長卿諸本多作劫姓按風俗通有御氏為漢司空御史其名長卿明劫非也亦有劫弥不得為御史。正義曰括地志云薄城北郭東三里平地有湯冢按在蒙即北薄也又云洛州偃師

縣東六里有湯冢近桐宮蓋此是也）太子太丁未立而卒於是廼立
太丁之弟外丙是爲帝外丙帝外丙即位三年
崩立外丙之弟中壬（正義曰仲壬二音）是爲帝中壬帝中
壬即位四年崩伊尹廼立太丁之子太甲（正義曰尚書孔氏序云成湯既沒太甲元年不言有外丙仲壬而太史公採世本有外丙仲壬二書不同當是信則傳信疑則傳疑）太
甲成湯適長孫也是爲帝太甲帝太甲元年伊
尹作伊訓作肆命作徂后（鄭玄曰肆命者陳政教所當爲也徂后者言湯之法度也）
帝太甲既立三年不明暴虐不遵湯法亂德
於是伊尹放之於桐宮（孔安國曰湯葬地鄭玄曰地名也有王離宮焉○正義曰晉太康地記云尸鄉南有亳坂東有城太甲所放處也按尸鄉在洛州偃師縣西南五里也）三年伊尹

攝行政當國以朝諸侯帝太甲居桐宮三年悔
過自責反善於是伊尹廼迎帝太甲而授之政
帝太甲修德諸侯咸歸殷百姓以寧伊尹嘉之
廼作太甲訓三篇襃帝太甲稱太宗太宗崩子
沃丁立帝沃丁之時伊尹卒既葬伊尹於亳（皇覽曰伊尹冢在濟陰己氏平利鄉亳近己氏○正義曰括地志云伊尹墓在洛州偃師縣西北八里又云宋州楚丘縣西北十五里有伊尹墓恐非也帝王世紀伊尹名摯爲湯相號阿衡年百歲卒天霧三日沃丁以天子禮葬之）咎單
遂訓伊尹事作沃丁沃丁崩弟太庚立是爲帝
太庚帝太庚崩子帝小甲立（徐廣曰世表云帝小甲太庚弟也）帝
小甲崩弟雍己立是爲帝雍己殷道衰諸侯或

不至帝雍已崩弟太戊立是為帝太戊帝太戊立伊陟為相（孔安國曰伊陟伊尹之子）亳有祥桑穀共生於朝一暮大拱（孔安國曰祥妖怪也二木合生不恭之罰鄭玄曰兩手搤之曰拱。索隱曰此云一暮大拱尚書大傳作七日大拱與此不同）帝太戊懼問伊陟伊陟曰臣聞妖不勝德帝之政其有闕與帝其修德太戊從之而祥桑枯死而去（索隱曰劉伯莊言枯死而消去不見今以為由帝修德而祆祥遂去）伊陟贊言于巫咸（孔安國曰贊告也巫咸臣名也。正義曰按巫咸及子賢冢皆在蘇州常熟縣西海虞山上蓋二子本吳人也）巫咸治王家有成作咸艾（馬融曰艾治也）作太戊帝太戊贊伊陟于廟言弗臣伊陟讓作原命（馬融曰原臣名也命原以禹湯之道我所修也）殷復興諸侯歸之故稱中

宗中宗崩子帝仲丁立帝仲丁遷于隞（孔安國曰地名皇甫謐曰或云河南敖倉是。索隱曰隞亦作囂並音敖字。正義曰括地志云滎陽故城在鄭州滎澤縣西南十七里殷時敖地也）河亶甲居相（孔安國曰地名在河北。正義曰括地志云故殷城在相州內黃縣東南十三里即河亶甲所築都之故名殷城也）祖乙遷于邢（索隱曰邢音耿近代本亦作耿今河東皮氏縣有耿鄉。正義曰括地志云絳州龍門縣東南十二里耿城故耿國也）帝仲丁崩弟外壬立是為帝外壬仲丁書闕不具（索隱曰蓋太史公知舊有仲丁書今已遺闕不具也）帝外壬崩弟河亶甲立是為帝河亶甲河亶甲時殷復衰河亶甲崩子帝祖乙立帝祖乙立殷復興巫賢任職祖乙崩子帝祖辛立帝祖辛崩弟沃甲立是為帝沃甲（索隱曰系本作開甲也）帝沃甲

崩立沃甲兄祖辛之子祖丁是為帝祖丁帝祖丁崩立弟沃甲之子南庚是為帝南庚帝南庚崩立帝祖丁之子陽甲是為帝陽甲帝陽甲之時殷衰自中丁以來廢適而更立諸弟子弟子或爭相代立比九世亂於是諸侯莫朝帝陽甲崩弟盤庚立是為帝盤庚帝盤庚之時殷已都河北盤庚渡河南復居成湯之故居迺五遷無定處孔安國曰自湯至盤庚凡五遷都○正義曰湯自南亳遷西亳仲丁遷敖河亶甲居相祖乙居耿盤庚渡河南居西亳是五遷也殷民咨胥皆怨不欲徙孔安國曰胥相也民不欲徙皆咨嗟憂愁相與怨其上也盤庚乃告諭諸侯大臣曰昔高后成

湯與爾之先祖俱定天下法則可修舍而弗勉何以成德乃遂涉河南治亳鄭玄曰治於亳之殷地商家自此徙而改號曰殷亳皇甫謐曰今偃師是也行湯之政然後百姓由寧殷道復興諸侯來朝以其遵成湯之德也帝盤庚崩弟小辛立是為帝小辛帝小辛立殷復衰百姓思盤庚迺作盤庚三篇索隱曰尚書盤庚將治亳殷民咨胥怨作盤庚此以盤庚崩弟小辛立百姓思之乃作盤庚由不見古文也帝小辛崩弟小乙立是為帝小乙帝小乙崩子帝武丁立帝武丁即位思復興殷而未得其佐三年不言政事決定於冢宰鄭玄曰冢宰天官卿貳王事者以觀國風武丁夜夢得聖人名曰說

以夢所見視羣臣百吏皆非也於是迺使百工營求之野得說於傅險中（徐廣曰尸子云傅巖在北海之洲。索隱曰舊本作險亦作巖也。正義曰地理志云傅險即傅說版築之處所隱之處窟名聖人窟在今陝州河北縣北七里即虞國虢國之界又有傅說祠注水經云沙澗水北虞山南經傅巖傅說隱室前俗名聖人窟）是時說爲胥靡築於傅險（孔安國曰傅氏之巖在虞虢之界通道所經有澗水壞道常使胥靡刑人築護此道說賢而隱代胥靡築之以供食也）見於武丁武丁曰是也得而與之語果聖人舉以爲相殷國大治故遂以傅險姓之號曰傅說帝武丁祭成湯明日有飛雉登鼎耳而呴（正義曰音構呴雉鳴也詩云雉之朝呴）武丁懼祖己曰（孔安國曰賢臣名）王勿憂先修政事祖己乃訓王曰唯天監下典厥義（孔安國曰言天視下民以義爲常也）降年有永有不永非天夭民中絕其命民有不若德不聽罪天既附命正厥德（孔安國曰不順德言無義也不服罪不改修也天以信命正其德謂其有永有不永。索隱曰附依尚書音孚）乃曰其奈何嗚呼王嗣敬民罔非天繼常祀毋禮于弃道（孔安國曰王者主民當敬民事無非天時天時所常祀也祭祀有常不當特豐於近也。索隱曰祭祀有常無爲豐殺之禮於是以弃常道）武丁修政行德天下咸驩殷道復興帝武丁崩子帝祖庚立祖己嘉武丁之以祥雉爲德立其廟爲高宗遂作高宗肜日及訓（孔安國曰祭之明日又祭殷曰肜周曰繹）帝祖庚崩弟祖甲立是爲帝甲帝甲淫亂殷復衰（索隱曰國語曰帝甲亂之七代而隕是也）帝甲

崩子帝廩辛立索隱曰漢書古今人表及帝王代紀皆作馮辛帝廩辛崩弟
庚丁立是爲帝庚丁帝庚丁崩子帝武乙立殷
復去亳徙河北帝武乙無道爲偶人索隱曰偶音寓亦如字。
正義曰偶五苟反偶對以土木爲人對象於人形也謂之天神與之博令人爲
行正義爲于僞反行胡孟反天神不勝乃僇辱之爲革囊盛血
仰而射之命曰射天武乙獵於河渭之閒暴雷
武乙震死子帝太丁立帝太丁崩子帝乙立帝
乙立殷益衰帝乙長子曰微子啓索隱曰微國號爵爲子啓名也
孔子家語云微或作魏讀從微音鄒本亦然也啓母賤不得嗣索隱曰此以啓與紂異母而鄭
玄稱爲同母依呂氏春秋言母當生啓時猶未正立及生紂時始正爲妃故啓大而庶紂小而嫡少子辛

辛母正后辛爲嗣帝乙崩子辛立是爲帝辛天
下爲之紂謚法曰殘義損善曰紂帝紂資辨捷疾聞見甚敏
材力過人手格猛獸正義曰帝王世紀云紂倒曳九牛撫梁易柱也知足以
距諫言足以飾非矜人臣以能高天下以聲以
爲皆出己之下好酒淫樂嬖於婦人愛妲己皇甫
謐曰有蘇氏美女。索隱曰國語有蘇氏女妲字己姓也妲己之言是從於是使
師涓作新淫聲北里之舞靡靡之樂厚賦稅以
實鹿臺之錢如淳曰新序曰鹿臺其大三里高千尺瓚曰鹿臺臺名今在朝歌城中。正義曰括
地志云鹿臺在衛縣西南二十二里而盈鉅橋之粟服虔曰鉅橋倉名許愼曰鉅鹿水之大橋
有漕粟也。索隱曰鄒誕生云鉅大橋器名也紂厚賦稅故因器而大其名益收狗馬奇物

充仞宮室益廣沙丘苑臺爾雅曰迆邐沙丘也地理志曰在鉅鹿東北七十里○正義曰括地志云沙丘臺在邢州平鄉東北二十里竹書紀年云自盤庚徙殷至紂之滅七百七十三年更不徙都紂時稍大其邑南距朝歌北據邯鄲及沙丘皆爲離宮別館多取野獸蜚鳥置其中慢於鬼神大最樂戲於沙丘徐廣曰最一作聚以酒爲池縣肉正義曰括地志云酒池在衛州衛縣西二十三里太公六韜云紂爲酒池迴船糟丘而牛飲者三千餘人爲輩爲林正義縣戶眠反使男女倮正義胡尾反相逐其間爲長夜之飲百姓怨望而諸侯有畔者於是紂乃重辟刑有炮烙之法列女傳曰膏銅柱下加之炭令有罪者行焉輒墮炭中妲己笑名曰炮烙之刑○索隱曰鄒誕生烙一音閣又云見蟻布銅升足廢而死於是爲銅烙炊炭其下使罪人步其上與列女傳少異以西伯昌九侯徐廣曰一作鬼侯鄴縣有九侯城○索隱曰九亦依字讀鄒誕生音仇也○正義曰括地志云相州洛陽縣西南五十里有九侯城亦名鬼侯城蓋殷時九侯城也鄂侯徐廣曰一作邘音于野王縣有邘城爲三公九侯有好女入之紂九侯女不憙淫徐廣曰一云無不憙淫紂怒殺之而醢九侯鄂侯爭之彊辨之疾并脯鄂侯西伯昌聞之竊嘆崇侯虎知之以告紂紂囚西伯羑里地理志曰河內湯陰有羑里城西伯所拘處韋昭曰音酉○正義曰牖一作羑音酉羑城在相州湯陰縣北九里紂囚西伯城也帝王世紀云囚文王文王之長子曰伯邑考質於殷爲紂御紂烹爲羹賜文王曰聖人當不食其子羹文王食之紂曰誰謂西伯聖者食其子羹尚不知也西伯之臣閎夭之徒求美女奇物善馬以獻紂紂乃赦西伯西伯出而獻洛西之地正義曰洛水一名漆沮水在同州洛西之地謂洛西丹方等州也以請除炮烙之刑紂乃許之賜弓

矢斧鉞使得征伐爲西伯而用費中爲政（正義曰費音扶味反中音仲費姓仲名也）費中善諛好利殷人弗親紂又用惡來（索隱曰秦之祖蜚廉子）惡來善毀讒諸侯以此益疏西伯歸乃陰修德行善諸侯多叛紂而往歸西伯西伯滋大紂由是稍失權重王子比干諫弗聽商容賢者百姓愛之紂廢之及西伯伐飢國滅之（徐廣曰飢一作𨙸又作耆）紂之臣祖伊（孔安國曰祖己後賢臣也）聞之而咎周（孔安國曰咎惡也）恐奔告紂曰天既訖我殷命假人元龜（徐廣曰元一作卜）無敢知吉（馬融曰元龜大龜也長尺二寸孔安國曰至人以人事觀殷大龜以神靈考之皆無知吉者）非先王不相我後人（孔安國曰相助也）維王淫虐用自絶故天棄我不有安食不虞知天性不迪率典（鄭玄曰王暴虐於民使不得安食逆亂陰陽不度天性傲很明德不修教法者）今我民罔不欲喪曰天曷不降威大命胡不至今王其奈何紂曰我生不有命在天乎祖伊反曰紂不可諫矣西伯既卒周武王之東伐至盟津諸侯叛殷會周者八百諸侯皆曰紂可伐矣武王曰爾未知天命乃復歸紂愈淫亂不止微子數諫不聽乃與太師少師謀遂去比干曰爲人臣者不得不以死爭迺強諫紂紂怒曰吾聞聖人心有七竅剖比干觀其心（正義曰括地志云比干見微子去箕子狂乃歎曰主過不

諫非忠也畏死不言非勇也過則諫不用則死忠之至也進諫不去者三日紂問何以自持比干曰修善行仁以義自持紂怒曰吾聞聖人心有竅信諸遂殺比干刳視其心也箕子懼乃詳狂為奴紂又囚之殷之太師少師乃持其祭樂器奔周周武王於是遂率諸侯伐紂紂亦發兵距之牧野鄭玄曰牧野紂南郊地名也。正義曰括地志云今衞州城即殷牧野之地周武王伐紂築也甲子日紂兵敗紂走入登鹿臺徐廣曰鹿一作廩衣其寶玉衣赴火而死正義曰周書云紂取天智玉琰五環身以自焚周武王遂斬紂頭縣之白旗殺妲己釋箕子之囚封紂比干之墓表商容之閭索隱曰皇甫謐云商容與殷人觀周軍之入則以為人名鄭玄云商家樂官知禮容所以禮署稱容臺封紂子武庚祿父以續殷祀譙周曰殷凡三十一世六百餘年汲冢紀年曰湯滅夏以至于受二十九王用歲四百九十六年也令修行盤庚之政殷民大說於是周武王為天子其後世貶帝號號為王索隱曰按夏殷天子亦皆稱帝代以德薄不及五帝始貶帝號號之為王故本紀皆帝而後總曰三王也而封殷後為諸侯屬周正義曰即武庚祿父也周武王崩武庚與管叔蔡叔作亂成王命周公誅之而立微子於宋以續殷後焉

太史公曰余以頌次契之事自成湯以來采於書詩契為子姓其後分封以國為姓有殷氏來氏宋氏空桐氏稚氏索隱曰按系本子姓無北殷氏索隱曰系本作髳氏又有時氏蕭氏黎氏然北殷氏蓋秦寧公所伐亳王湯之後也目夷氏孔子曰殷路車

爲善而色尚白索隱曰論語孔子曰乘殷之路禮記曰殷人尚白太史公爲贊不取成文遂作此語踈也

索隱述贊曰

簡狄呑乙　是爲殷祖　玄王啓商
伊尹負俎　上開三面　下獻九主
旋師泰卷　繼相臣扈　遷嚻圮耿
不常厥土　武乙無道　禍因射天
帝辛淫亂　拒諫賊賢　九侯見醢
炮烙興焉　黃鉞斯杖　白旗是懸
哀哉瓊室　殷祀用遷

史貳阡玖伯陸拾伍字
註肆阡伍伯壹拾貳字

殷本紀第三　史記三

周本紀第四　史記四

周后稷（正義曰因太王所居周原因號曰周地理志云右扶風縣岐山西北中水鄉周太王所邑括地志云故周城一名美陽城在雍州武功縣西北二十五里即太王城也）名弃其母有邰氏女（正義曰邰天來反亦作斄同說文云邰炎帝之後姜姓封邰周棄外家）曰姜原（韓詩章句曰姜姓原字或曰姜原謚號也）姜原爲帝嚳元妃（索隱曰譙周以爲弃帝嚳之胄其父亦不著與此紀異也）姜原出野見巨人跡心忻然說欲踐之踐之而身動如孕者居期而生子以爲不祥弃之隘巷（索隱曰巳下皆詩大雅生民篇所云誕寘之隘巷牛羊腓字之誕寘之平林會伐平林誕寘之寒冰鳥覆翼之是其事也）馬牛過者皆辟不踐徙置之林中適會山林多人遷之而弃渠中冰上飛鳥以其翼覆薦之

姜原以爲神遂收養長之初欲弃之因名曰弃（正義曰古史考云弃棄帝嚳之胄其父亦不著與此文稍異也）弃爲兒時屹如巨人之志其游戲好種樹麻菽麻菽美及爲成人遂好耕農相地之宜宜穀者稼穡焉（正義曰種曰稼斂曰穡）民皆法則之帝堯聞之舉弃爲農師天下得其利有功帝舜曰弃黎民始飢（徐廣曰今文尚書云祖飢故此作始飢祖始也）爾后稷播時百穀封弃於邰（徐廣曰今斄鄉在扶風。索隱曰即詩生民曰有邰家室是也邰即斄古今字異耳。正義曰括地志云故斄城一名武功城在雍州縣西南二十二里古邰國名后稷所封也有后稷及姜嫄祠毛萇云邰姜嫄國也后稷所生堯見天因邰而生后稷故因封於邰也）號曰后稷別姓姬氏（禮緯曰祖以履大跡而生）后稷之興在陶唐虞夏之際

皆有令德后稷卒山海經大荒經曰黑水青水之間有廣都之野后稷葬焉皇甫謐曰冢去
中國三萬里也子不窋立索隱曰帝王世紀云后稷納姞氏生不窋而譙周按國語云世后稷以服事虞
夏言世稷官是失其代數也若不窋親弃之子至文王千餘歲唯十四代亦不合事情。正義曰括地志云不窋故城在
慶州弘化縣南三里即不窋在戎狄所居之城也毛詩疏云虞及夏殷共有千二百歲每世在位皆八十年乃可充其數
耳命之短長古今一也而使十五世君在位皆八十許載子必將老始生不近人情之甚以理而推實難據信也不
窋末年夏后氏政衰去稷不務韋昭曰夏太康失國廢稷之官不復務農
。索隱曰國語曰弃稷不務此云去稷者是太史公恐弃是后稷之名故變文云去也言夏政衰不窋去稷官不復務農
者也不窋以失其官而犇戎狄之間不窋卒子鞠
立鞠卒子公劉立公劉雖在戎狄之間復修后
稷之業務耕種行地宜自漆沮度渭取材用正義

曰公劉從漆縣漆水南渡渭水至南山取材木爲用也括地志云豳州新平縣即漢漆縣也漆水在岐州普閏縣東岐山
漆水東入渭行者有資居者有畜積民賴其慶百姓懷
之多徙而保歸焉周道之興自此後故詩人歌
樂思其德索隱曰即詩大雅篤公劉是也公劉卒子慶節立國於
豳徐廣曰新平漆縣之東北有豳亭。索隱曰豳即邠也古今字異耳。正義曰括地志云豳州新平縣即漢漆沮縣
詩豳國公劉所邑之地也慶節卒子皇僕立皇僕卒子差弗立
差弗卒子毀隃立音踰世本作榆。索隱曰世本作僞榆毀隃卒子公
非立索隱曰世本云公非辟方皇甫謐云公非字辟方也公非卒子高圉立宋忠
曰高圉能率稷者也周人報之。索隱曰世本云高圉侯侔高圉卒子亞圉立系本
云亞圉雲都皇甫謐云雲都亞圉字。索隱曰漢書古今表曰雲都亞圉弟按如此說則辟方侯侔亦皆二人之名實未

能詳亞圉卒子公叔祖類立索隱曰世本云太公組紺諸盩三代世表稱叔類凡四名皇甫謐云公祖一名組紺諸盩字叔類號曰太公也公叔祖類卒子古公亶父立古公亶父復修后稷公劉之業積德行義國人皆戴之薰育戎狄攻之欲得財物予之已復攻欲得地與民民皆怒欲戰古公曰有民立君將以利之今戎狄所爲攻戰以吾地與民民之在我與其在彼何異民欲以我故戰殺人父子而君之子不忍爲乃與私屬遂去豳渡漆沮徐廣曰水在杜陽岐山杜陽縣在扶風踰梁山正義曰括地志云梁山在雍州好時縣西北十八里鄭玄云岐山西南然則梁山橫長其東當陽西北臨河其西當岐山東北自豳適周當踰之矣止於岐下徐廣曰山

在扶風美陽西北其南有周原皇甫謐云邑於周地故始改國曰周豳人舉國扶老攜弱盡復歸古公於岐下及他旁國聞古公仁亦多歸之於是古公乃貶戎狄之俗而營築城郭室屋而邑別居之徐廣曰分別而爲邑落也作五官有司禮記曰天子之五官曰司徒司馬司空司士司寇典司五衆鄭玄曰此殷時制民皆歌樂之頌其德索隱曰即詩頌云后稷之孫實維太王居岐之陽實始翦商是也古公有長子曰太伯次曰虞仲太姜正義曰國語云齊許申呂四國皆姜姓也四岳之後太姜之家太王之妃王季之母生少子季歷季歷娶太任列女傳曰太姜有台氏之女太任摯任氏之中女。正義曰國語云摯時二國任姓奚仲仲虺之後太任之家太任王季之妃文王母也皆賢婦人正義曰列女傳云太姜太王娶以爲妃生太伯仲雍王季太姜有色而貞順率導諸子至於成童靡有過失太王謀事必於太姜遷

從必興太任王季娶以爲妃太任之性端壹誠莊維德之行及其有身目不視惡色耳不聽淫聲口不出敖言能以胎教
子而生文王此皆有賢行也　生昌有聖瑞　正義曰尚書帝命驗云季秋之月甲子赤爵銜丹書
入于豐止于昌戶其書云敬勝怠者吉怠勝敬者滅義勝欲者從欲勝義者凶凡事不強則不枉不敬則不正枉者廢滅
敬者萬世以仁得之以仁守之其量百世以不仁得之以仁守之其量十世以不仁得之不仁守之不及其世此蓋聖瑞
古公曰我世當有興者其在昌乎長子太伯虞
仲知古公欲立季歷以傳昌乃二人亡如荊蠻
正義曰太伯奔吳所居城在蘇州北五十里常州無錫縣界梅里村其城及冢見存而云亡荊蠻者楚滅越其地屬楚秦
滅楚其地屬秦秦諱楚改曰荊故通號吳越之地爲荊及北人書史加云蠻勢之然也　文身斷髮　應劭
曰常在水中故斷其髮文其身以象龍子故不見傷害　以讓季歷古公卒季歷
立是爲公季公季修古公遺道篤於行義諸侯
順之公季卒　皇甫謐曰葬鄠縣之南山　子昌立是爲西伯西伯
曰文王　正義曰帝王世紀云文王龍顏虎肩身長十尺有四乳雒書靈準聽云蒼帝姬昌日角鳥鼻高長八尺
二寸聖智慈理也　遵后稷公劉之業則古公公季之法篤
仁敬老慈少禮下賢者日中不暇食以待士士
以此多歸之伯夷叔齊在孤竹　應劭曰在遼西令支。正義曰括地
志云孤竹故城在平州盧龍縣南十二里殷時諸侯竹國也姓默氏也　聞西伯善養老盍
往歸之太顛閎夭散宜生鬻子辛甲大夫之徒
皆往歸之　劉向別録曰鬻子名熊封於楚辛甲故殷之臣事紂蓋七十五諫而不聽去至周召公與語賢
之告文王文王親自迎之以爲公卿封長子長子今上黨所治縣是也　崇侯虎譖西伯於
殷紂曰西伯積善累德諸侯皆嚮之將不利於

帝帝紂乃囚西伯於羑里閎夭之徒患之乃求有莘氏美女正義曰括地志云古㜪國城在同州河西縣南二十里世本云莘國姒姓夏禹之後即散宜生等求有莘美女獻紂者驪戎之文馬正義曰括地志云驪戎故城在雍州新豐縣東南十六里殷周時驪戎國城也按駁馬赤鬣縞身目如黃金文王以獻紂也有熊九駟正義曰括地志云鄭州新鄭縣本有熊氏之墟也按九駟三十六匹馬也他奇怪物因殷嬖臣費仲而獻之紂紂大說曰此一物足以釋西伯索隱曰一物謂㜪氏之美女也以殷紂淫昏好色故知然況其多乎乃赦西伯賜之弓矢斧鉞使西伯得征伐曰譖西伯者崇侯虎也西伯乃獻洛西之地以請紂去炮烙之刑紂許之西伯陰行善諸侯皆來決平於是虞芮之人地理志虞在河東太陽縣芮在馮翊臨晉縣。正義曰括地志云故虞城在陝州河北縣東北五十里虞山之上古虞國也故芮城縣西二十里古芮國也晉太康地記云虞西百四十里有芮城括地志云又閑原在河北縣西六十五里詩云虞芮質厥成毛萇云虞芮之君相與爭田久而不平乃相謂曰西伯仁人盍往質焉乃相與朝周二國君相謂曰我等小人不可履君子之庭乃相讓所爭地以爲閑原至今尚在注引地理志芮在臨晉者恐疎然閑原在河東復與虞芮相接臨晉在河西同州非臨晉芮城明矣有獄不能決乃如周入界耕者皆讓畔民俗皆讓長虞芮之人未見西伯皆慙相謂曰吾所爭周人所恥何往爲秖取辱耳遂還俱讓而去諸侯聞之曰西伯蓋受命之君明年伐犬戎山海經曰有人人面獸身名曰犬戎。正義曰又云黃帝生苗龍苗龍生融吾融吾生幷明幷明生白犬白犬有二是爲犬戎說文云赤狄本犬種故字從犬又後漢書云犬戎槃瓠之後也今長沙武陵之郡太半是也又毛詩疏云犬戎昆夷是也明年伐密須應劭曰密須氏姞姓之國瓚曰安定陰密縣是。正義曰括地志云陰密故城在涇州鶉觚縣西其東接縣城即古密國杜預云姞姓國在安定陰密縣也明年敗耆國徐廣曰一作阢。正義曰即黎國也鄒誕生云本或作黎孔安國云黎在上黨東北括地志云故黎城黎侯國也在潞州黎城縣東北十八里尚書云西伯既戡黎是也殷之祖伊聞之懼以告帝紂紂曰不有天命乎是何能為明年伐邘徐廣曰邘城在野王縣西北音于。正義曰括地志云故邘城在懷州河內縣西北二十七里古邘國城也左傳云邘晉應韓武王之穆也明年伐崇侯虎正義曰皇甫謐云夏鯀封虞夏商周皆有崇國崇國蓋在豐鎬之間詩云既伐于崇作邑于豐是國之地也而作豐邑徐廣曰豐在京兆鄠縣東有靈臺鎬在上林昆明北有鎬池去豐二十五里皆在長安南數十里。正義曰括地志云周豐宮周文王宮也在雍州鄠縣東三十五里鎬在雍州西南三十二里自岐下而徙都豐明年西伯崩徐廣曰文王九十七乃崩。正義曰括地志云周文王墓在雍州萬年縣西南二十八里原上也太子發立是為武王西伯蓋即位五十年其囚羑里蓋益易之八卦為六十四卦正義曰乾鑿度云垂黃策者羲益卦演德者文成命者孔也易正義云伏羲制卦文王卦辭周公爻辭孔十翼也按太史公言蓋者乃疑辭也文王著演易之功作周紀方贊其美不敢專定重易故稱蓋也詩人道西伯蓋受命之年稱王而斷虞芮之訟正義曰二國相讓後諸侯歸西伯者四十餘國咸尊西伯為王蓋此年受命之年稱王也帝王世紀云文王即位四十二年歲在鶉火文王更為受命之元年始稱王矣又毛詩云文王九十七而終終時受命九年則受命之元年年八十九也後十年而崩正義曰十當為九其說在後謚為文王正義曰謚法經緯天地曰文改法度制正朔矣追尊古公為太王公季為王季正義曰易緯云文王受命改正朔有王號於天下鄭玄信而用之言文王稱王已改正朔布王號矣按天無二日土無二王豈殷紂尚存而周稱王哉若文王自稱王改正朔則是功業成矣武王何復得云大勳未集欲卒父業也禮記大傳云牧之野武成大事而退追王大王亶父王季歷文王昌據此文乃是追王為王何得文王自稱王改正朔也

蓋王瑞自太王興

正義曰古公在邠被戎狄攻戰奪民大王曰民之在我與彼何異殺人父子而君之予不忍為遂遠去邠止於岐下邠人舉國盡歸古公他國聞古公仁亦多歸之乃貶戎狄之俗為室屋邑落而分別居之季歷又生昌有聖瑞蓋是王瑞自大王時而興起也然自西伯蓋即位五十年以下至大王興在西伯崩後重述其事為經傳不同不可全棄乃略而書之引次其下事必可疑故數言蓋也

武王即位

正義曰謚法克定禍亂曰武春秋元命包云武王駢齒是謂剛強也

太公望為師周公旦為輔召公畢公之徒左右王師修文王緒業九年武王上祭于畢

馬融曰畢文王墓地名也○索隱曰按文云上祭于畢則畢天星之名畢星主兵故師出而祭畢星也○正義曰上音時掌反尚書武成篇云我文考文王誕膺天命以撫方夏惟九年大統未集太誓篇序云惟十有一年武王伐殷太誓篇云惟十有三年春大會于孟津大戴禮云文王十五而生武王則武王少文王十四歲矣禮記文王世子云文王九十七而終武王九十三而終按文王崩時武王已八十三矣八十四即位至九十三崩武王即位適滿十年言十三年伐紂者續文王受命年欲明其卒父業故也金縢篇云惟克商二年王有疾不愈按文王受命九年而崩十一年武王服闋觀兵孟津十三年克紂十五年有疾周公請命王有瘳後四年而崩則武王年九十三矣而太史公云九年王觀兵十一年伐紂則以為武王即位年數與尚書違甚疎矣

東觀兵至于盟津

徐廣曰譙周云史記武王十一年東觀兵十三年克紂

為文王木主載以車中軍武王自稱太子發言奉文王以伐不敢自專乃告司馬司徒司空諸節

馬融曰諸受符節有司也

齊栗信哉予無知以先祖有德臣小子受先功

徐廣曰一云予小子受先公功

畢立賞罰以定其功遂興師師尚父號曰

鄭玄曰號令之軍法重者總爾衆庶與爾舟楫後至者斬武王渡河中流白魚躍入王舟中馬融曰魚者介鱗之物兵象也白者殷家之正色言殷之兵衆與周之象也。索隱曰此已下至火復王屋爲烏皆見周書及今文泰誓武王俯取以祭既渡有火自上復于下至于王屋流爲烏其色赤其聲魄云馬融曰王屋王所居屋流行也魄然安定意也鄭玄曰書說云烏有孝名武王卒父大業故烏瑞臻赤者周之正色也。索隱曰按今文泰誓流爲鵰鵰鷙鳥也馬融云明武王能伐紂鄭玄云烏是孝鳥言武王能終父業亦各隨文而解也是時諸侯不期而會盟津者八百諸侯諸侯皆曰紂可伐矣武王曰女未知天命未可也乃還師歸居二年聞紂昏亂暴虐滋甚殺王子比干囚箕子太師疵少師彊抱其樂

器而犇周於是武王徧告諸侯曰殷有重罪不可以不畢伐徐廣曰一作威乃遵文王遂率戎車三百乘虎賁三千人孔安國曰虎賁勇士稱也若虎賁獸言其猛也甲士四萬五千人以東伐紂十一年十二月戊午師畢渡盟津正義曰畢盡也盡從河南渡河北諸侯咸會曰孳孳無怠武王乃作太誓告于衆庶今殷王紂乃用其婦人之言自絕于天毀壞其三正馬融曰動逆天地人也。正義曰按三正三統也周以建子爲天統殷以建丑爲地統夏以建寅爲人統也離逷其王父母弟鄭玄曰王父母弟祖父母之族必言母弟舉親者言之也乃斷弃其先祖之樂乃爲淫聲用變亂正聲怡說婦人徐廣曰怡一作辭故今予發維

共行天罰勉哉夫子鄭玄曰夫子丈夫之稱不可再不可三

二月徐廣曰一作正此建丑之月殷之正月周之二月也甲子昧爽孔安國曰昧冥也爽明早旦也武王朝至于商郊牧野乃誓孔安國曰癸亥夜陳甲子朝誓之。正義曰括地志云衛州城故老云周武王伐紂至於商郊牧野乃築此城酈元注水經云自朝歌南至清水土地平衍據皋跨澤悉牧野也括地志又云紂都朝歌在衛州東北七十三里朝歌故城是也本妹邑殷王武丁始都之帝王世紀云帝乙復濟河北徙朝歌其子紂仍都焉

武王左杖黃鉞右秉白旄孔安國曰鉞以黃金飾斧左手杖鉞示無事於誅左手把旄示有事於教令以麾曰遠矣西土之人孔安國曰勞苦之武王曰嗟我有國冢君馬融曰冢大也司徒司馬司空亞旅師氏孔安國曰亞次旅眾大夫也其位次卿師氏大夫官以兵守門千夫長百夫長孔安國曰師率卒率及庸蜀羌髳微纑彭濮人孔安國曰八國皆蠻夷戎狄羌在西蜀叟髳微在巴蜀纑彭在西北庸濮在江漢之南馬融曰武王所率將來伐紂也。正義曰髳音矛括地志云房州竹山縣及金州古盧國也益州及巴利等州皆古蜀國隴右岷洮叢等州以西羌也姚府以南古髳國之地戎府之南古微盧彭三國之地濮在楚西南有髳州微濮州瀘府彭州焉武王率西南夷諸州伐紂也稱爾戈孔安國曰稱舉也比爾干立爾矛予其誓

王曰古人有言牝雞無晨牝雞之晨惟家之索孔安國曰索盡也喻婦人知外事雌代雄鳴則家盡也今殷王紂維婦人言是用自弃其先祖肆祀不荅鄭玄曰肆祭名荅問也昬弃其家國遺其王父母弟不用乃維四方之多罪逋逃是崇是長是信是使孔安國曰言紂弃其賢臣而尊長逃亡罪人信用之也俾暴虐于百姓以姦軌于商國今予發維共行天之罰

今日之事不過六步七步乃止齊焉（孔安國曰今日戰事不過六步七步乃止相齊言當旅進一心也）夫子勉哉不過於四伐五伐六伐七伐乃止齊焉（孔安國曰伐謂擊刺也少則四五多則六七以為例也）勉哉夫子尚桓桓（鄭玄曰威武皃）如虎如羆如豺如離（徐廣曰此訓與螭同）于商郊不禦克犇以役西土（鄭玄曰禦彊禦謂彊暴也克殺也不得暴殺紂師之犇走者當以為周之役也）勉哉夫子爾所不勉其于爾身有戮（鄭玄曰所言且也）誓已諸侯兵會者車四千乘陳師牧野帝紂聞武王來亦發兵七十萬人距武王武王使師尚父與百夫致師（周禮環人掌致師鄭玄曰致師者致其必戰之志也古者將戰先使勇力之士犯敵焉春秋傳曰楚許伯御樂伯攝叔為右以致晉師許伯曰吾聞致師者御靡旌摩壘而還樂伯曰吾聞致師者左射以菆代御執轡御下掚馬掉鞅而還攝叔曰吾聞致師者右入壘折馘執俘而還皆行其所聞而復）以大卒馳帝紂師（徐廣曰帝一作商。正義曰大卒謂戎車三百五十乘士卒二萬六千二百五十人有虎賁三千人）紂師雖眾皆無戰之心心欲武王亟入紂師皆倒兵以戰以開武王武王馳之紂兵皆崩畔紂紂走反入登于鹿臺之上蒙衣其珠玉（正義曰衣音於既反周書云甲子夕紂取天智玉琰五環身以自焚注天智玉之善者縫環其身自厚也凡焚四千玉也庶玉則銷天智玉不銷紂身不盡也）自燔于火而死武王持大白旗以麾諸侯諸侯畢拜武王武王乃揖諸侯（正義曰武王率諸侯伐天子天子已死諸侯畢賀故武王揖諸侯言先拊循之心也）諸侯畢從武王至商國（正義曰謂至朝歌）商國百姓咸待於郊於是武王使羣臣告語商百姓曰上天降休商人皆再拜稽首武王亦荅拜索隱曰武王雖以臣伐君頗有慙德不應荅商人之拜太史公失辭耳尋上文諸侯畢拜賀武王武王尚且報揖無容遂下拜商人遂入至紂死所武王自射之三發而後下車以輕劍擊之正義曰周書作輕呂擊之輕呂劍名也以黃鉞斬紂頭縣大白之旗已而至紂之嬖妾二女二女皆經自殺武王又射三發擊以劍斬以玄鉞司馬法曰夏執玄鉞宋均曰玄鉞用鐵不磨礪縣其頭小白之旗武王已乃出復軍其明日除道修社及商紂宮及期百夫荷罕旗以先驅蔡邕獨斷曰前驅有九旒雲罕東京賦曰雲罕九旒薛綜曰旒旗名武王弟叔振鐸奉陳常車周公旦把大

鉞畢公把小鉞以夾武王散宜生太顛閎夭皆執劍以衛武王既入立于社南大卒之左右畢從毛叔鄭奉明水周禮曰司烜氏以鑑取明水於月鄭玄曰鑑鏡屬也取月之水欲得陰陽之絜氣陳明水以為玄酒○索隱曰明明水也舊本皆無水字今本有水字若惟云奉明其義未見不知是明何物也烜音毁衛康叔封布茲徐廣曰茲者籍席之名諸侯病曰負茲○索隱曰茲一作苙公明草也言茲舉成器言苙見絜草也召公奭贊采正義曰贊佐也采幣也師尚父牽牲尹佚筴祝曰正義曰尹佚讀筴書祝文以祭社也殷之末孫季紂正義曰周書作末孫受德受德紂字也殄廢先王明德侮蔑神祇不祀昏暴商邑百姓其章顯聞于天皇上帝於是武王再拜稽首曰膺更監本作受大命革殷受天明命武

王又再拜稽首乃出封商紂子祿父殷之餘民武王為殷初定未集乃使其弟管叔鮮蔡叔度相祿父治殷（正義曰地理志云河內殷之舊都周既滅殷分其畿內為三國詩邶鄘衛是邶以封紂子武庚鄘管叔尹之衛蔡叔尹之以監殷民謂之三監帝王世紀云自殷都以東為衛管叔監之殷都以西為鄘蔡叔監之殷都以北為邶霍叔監之是為三監按二說各異未詳也）已而命召公釋箕子之囚（徐廣曰釋一作原）命畢公釋百姓之囚表商容之閭命南宮括散鹿臺之財發鉅橋之粟以振貧弱萌隸命南宮括史佚展九鼎保玉（徐廣曰保一作寶）命閎夭封比干之墓（正義曰封謂益其土及畫疆界括地志云比干墓在衛州汲縣北十里二百五十步）命宗祝享祠于軍乃罷兵西歸行狩記政事作武

成（孔安國曰武功成也）封諸侯班賜宗彝作分殷之器物（鄭玄云宗彝宗廟樽也作分器著王之命及受物）武王追思先聖王乃襃封神農之後於焦（地理志弘農陝縣有焦城故焦國也）黃帝之後於祝（正義曰左傳云祝其實夾谷杜預云夾谷即祝其也服虔云東海郡祝其縣也）帝堯之後於薊（地理志燕國有薊縣）帝舜之後於陳（正義曰括地志云陳州宛丘縣在陳城中即古陳國也帝舜後遏父為周武王陶正武王賴其器用封其子媯滿於陳都宛丘之側）大禹之後於杞（正義曰括地志云汴州雍丘縣古杞國地理志云古杞國理此城周武王封禹後於杞號東樓公二十一代為楚所滅）於是封功臣謀士而師尚父為首封封尚父於營丘曰齊（爾雅曰水出其前而左曰營丘郭璞曰今齊之營丘淄水過其南乃東○正義曰水經注今臨菑城中有丘云古縣丘之地呂望所封齊之都也營丘在縣北百步外城中輿地志云秦立為縣城臨淄水故曰臨淄也）封弟

周公旦於曲阜曰魯應劭曰曲阜在魯城中委曲長七八里。正義曰帝王世紀云炎帝自陳營都於魯曲阜黃帝自窮桑登帝位後徙曲阜少昊邑于窮桑以登帝位都曲阜顓頊始都窮桑徙商丘窮桑在魯北或云窮桑即曲阜也又為大庭氏之故國又是商奄之地皇甫謐云黃帝生於壽丘在魯城東門之北居軒轅之丘於山海經云此地窮桑之際西射之南是也括地志云兗州曲阜縣外城即周公旦子伯禽所築古魯城也封召公奭於燕正義曰封帝堯之後於薊封召公奭於燕觀其文稍似重也水經注云薊城西北隅有薊丘因取名焉括地志云燕山幽州漁陽縣東南六十里國都城記云周武王封召公奭於燕地在燕山之野故國取名焉按周封以五等之爵薊燕二國俱武王立因燕山薊丘為名其地足自立國薊微燕盛乃并薊居之薊名遂絕焉今幽州薊縣古燕國也封弟叔鮮於管正義曰括地志云鄭州管城縣外城古管國城也周武王弟叔所封弟叔度於蔡正義曰括地志云豫州北七十里上蔡縣古蔡國武王封弟叔度於蔡是也縣東十里有蔡岡因名也餘各以次受封武王徵九牧之君登豳之阜以望商邑正義曰括地志云豳州三水縣西十里有豳原周先公劉所都之地也豳城在此原上因公為名按蓋武王登此城望商邑武王至于周自夜不寐正義曰周鎬京也武王伐紂還至鎬京憂未定天之保安故自夜不得寐也周公旦即王所曰曷為不寐王曰告女維天不饗殷自發未生於今六十年麋鹿在牧徐廣曰此事出周書及隨巢子云夷羊在牧牧郊也夷羊怪物也蜚鴻滿野索隱曰按高誘曰蜚鴻蠛蠓也言飛蟲蔽田滿野故為災非是鴻鴈也隨巢子作飛拾飛拾蟲也。正義曰蜚音飛古飛字也於今猶當今於今六十年從帝乙十年至伐紂年也麋鹿在牧喻讒佞小人在朝位也飛鴻滿野喻忠賢君子見放棄也言紂父帝乙立後殷國益衰至伐紂六十年間讒佞小人在朝位忠賢君子放遷於野故詩云鴻鴈于飛肅肅其羽之子于征劬勞于野毛萇云之子侯伯卿士也鄭玄云鴻鴈知避陰陽寒暑喻民知去無道就有道天不享殷乃今有成索隱曰言上天不歆享殷家故見災異我周今乃有成王業者也維天建郼其登名民三百六十夫不顯亦不賓滅徐廣曰一云不顧亦不賓滅一又云不顧亦不恤也。索隱曰言天初建郼國亦登進名賢之人三百六十夫既無非大賢未能興化致理故郼家不大光昭亦不即擯滅以至于今也亦見周書及隨巢子頗復脫錯而劉氏音破六爲古其字義亦無所通徐廣云一本作不顧亦不賓盍是學者以周書及隨巢不同逐音改易耳隨巢子曰天鬼不顧亦不賓滅天鬼即天神也以至今我未定天保何暇寐王曰定天保依天室悉求夫惡貶從郼王受索隱曰言今悉求取夫惡人不知天命不順周家者咸貶責之與紂同罪故曰貶從郼王受日夜勞來我西土徐廣曰一云肯來。索隱曰八字連作一句讀我維顯服及德方明正義曰服事也武王答周公云定知天之安保我位得依天之宮室退除郼紂之惡日夜勞民又安定我之西土我維明於事及我之德教施四方明行之乃可至於寢寐也自此已上爲至周自夜不寐周公問之故先書自洛汭延于伊汭

居易毋固其有夏之居徐廣曰夏居河南初在陽城後居陽翟。索隱曰言自洛汭及伊汭其地平易無險固是有夏之舊居。正義曰括地志云自禹至太康與唐虞皆不易都城然則居陽城爲禹避商均時非之都也帝王世紀云禹封夏伯今何南陽翟是汲冢古文云太康居斟尋羿亦居之桀又居之括地志云故鄩城在洛州鞏縣西南五十八里也我南望三塗北望嶽鄙顧詹有河徐廣曰周書度邑曰武王問太公曰吾將因有夏之居也南望過于三塗北詹望于有河。索隱曰杜預曰三塗在陸渾南嶽蓋河北太行山鄙都鄙謂近嶽之邑度邑周書篇名度音徒各反。正義曰括地志云太行恒山連延東北接碣石接嶽山言北望太行恒山之邊鄙都邑也又晉州霍山一名大岳在洛西北恒山在洛東北二說皆通粤詹雒伊毋遠天室正義曰粤者審慎之辭也言審慎瞻雒伊二水之陽無遠離此爲天室也營周居于雒邑而後去正義曰括地志云故王城一名河南城本郟鄏周公新築在洛州河南縣北九里苑內東北隅自平王以下十二王皆都此城至敬王乃遷都成周至赧王又居王城也帝王世紀云王城西

有郟鄏陌左傳云成王定鼎於郟鄏京相潘地名云郟山名鄏邑名縱馬於華山之陽正義曰華山在華陰縣南八里山南曰陽也放牛於桃林之虛孔安國曰桃林在華山東。正義曰括地志云桃林在陝州桃林縣西山海經云夸父之山其北有林焉名曰桃林廣圓三百里中多馬湖水出焉北流入河也偃干戈振兵釋旅公羊傳曰入曰振旅示天下不復用也武王已克殷後二年問箕子殷所以亡箕子不忍言殷惡以存徐廣曰一作前亡國宜告索隱曰六字連一句讀。正義曰箕子殷人不忍言殷惡以周國之所言告武王爲洪範九類武王以類問天道武王亦醜故問以天道武王病天下未集羣公懼穆卜孔安國曰穆敬也周公乃祓齋正義曰祓音廢又音拂齋音扎皆反祓謂除不祥求福也自爲質正義曰音至周公祓齋自以贄幣告三王請代武王武王病乃瘳也欲代武王武王有瘳後

而崩徐廣曰封禪書曰武王克殷二年天下未寧而崩皇甫謐曰武王定位元年歲在乙酉六年庚寅崩駰案皇覽曰文王武王周公冢皆在京兆長安鎬聚東社中也。正義曰括地志云武王墓在雍州萬年縣西南二十八里畢原上也太子誦代立是爲成王成王少周初定天下周公恐諸侯畔周公乃攝行政當國管叔蔡叔羣弟疑周公與武庚作亂畔周周公奉成王命伐誅武庚管叔放蔡叔以微子開代殷後國於宋正義曰今宋州也頗收殷餘民以封武王少弟封爲衛康叔正義曰尚書洛誥云我卜瀍水東亦惟洛食以召邶鄘衛之衆又多士篇序云成周既成遷殷頑民按是爲東周古洛陽城也括地志云洛陽故城在洛州洛陽縣東北二十六里周公所築即成周城也輿地志云以周地在王城東故曰東周敬王避子朝亂自洛邑東居此以其迫阨不受王都故壞翟泉而廣之按武王滅殷國爲邶鄘衛三

（監尹之武庚作亂周公滅之徙三監之民於成周頗收其餘衆以封康叔爲衛侯即今衛州是也孔安國云以三監之民國康叔爲衛侯周公懲其數叛故使賢母弟主之也）晉唐叔得嘉穀（鄭玄曰二苗同爲一穗）獻之成王成王以歸周公于兵所（徐廣曰歸一作餽）周公受禾東土魯天子之命（徐廣曰尚書序云旅天子之命）初管蔡畔周周公討之三年而畢定故初作大誥次作微子之命（孔安國曰封命之書）次歸禾次嘉禾次康誥酒誥梓材（孔安國曰告康叔以爲政之道亦如梓人之治材也）其事在周公之篇周公行政七年成王長周公反政成王北面就羣臣之位成王在豐使召公復營洛邑如武王之意周公復卜申視卒營築居九鼎焉曰此天下之中四方入貢道里均作召誥洛誥成王既遷殷遺民周公以王命告作多士無佚召公爲保周公爲師東伐淮夷殘奄（鄭玄曰奄國在淮夷之北。正義曰奄音於險反括地志云泗水徐城縣北三十里古徐國即淮夷也兗州曲阜縣奄至即奄國之地也）遷其君薄姑（馬融曰齊地。正義曰括地志云薄姑故城在青州博昌縣東北六十里薄姑氏殷諸侯封於此周滅之也）成王自奄歸在宗周（正義曰伐奄歸鎬京也）作多方（孔安國曰告衆方天下諸侯）既絀殷命襲淮夷歸在豐作周官（孔安國曰言周家設官分職用人之法古文尚書序周官書篇名）興正禮樂度制於是改而民和睦頌聲興（何休曰頌聲者太平歌頌之聲帝王之高致也）成王既伐東夷息慎來賀王賜榮伯作賄息慎之命（孔安國曰賄賜也馬融曰榮伯周同姓畿內諸侯爲卿大夫也成王將崩懼太子釗之不任正義曰釗音招又古堯反任而針反乃命召公畢公率諸侯以相太子而立之成王既崩二公率諸侯以太子釗見於先王廟申告以文王武王之所以爲王業之不易務在節儉毋多欲以篤信臨之作顧命鄭玄曰臨終出命故謂之顧顧將去之意也太子釗遂立是爲康王康王即位徧告諸侯宣告以文武之業以申之作康誥故成康之際天下安寧刑錯四十餘年不用應劭曰錯置也民不犯法無所置刑康王命作策畢公分居里成周郊孔安國曰分別民之居里異其善惡也成定東周郊境使有保護也作畢命康王卒子昭王瑕立昭王之時王道微缺昭王南巡狩不返卒於江上正義曰帝王世紀云昭王德衰南征濟于漢船人惡之以膠船進王王御船至中流膠液船解王及祭公俱沒于水中而崩其右辛游靡長臂且多力游振得王周人諱之其卒不赴告諱之也立昭王子滿是爲穆王穆王即位春秋已五十矣王道衰微穆王閔文武之道缺乃命伯臩孔安國曰伯冏名也申誡徐廣曰一作部太僕應劭曰太僕周穆王所置蓋太御衆僕之長中大夫也國之政作臩命正義曰尚書序云穆王令伯臩爲太僕正應劭云太僕周穆王所置蓋大御衆僕之長中大夫也復寧穆王將征犬戎徐廣曰犬一作畎祭公謀父諫韋昭曰祭畿內之國周公之後爲王卿士謀父字也○正義曰括地志云故祭城在鄭州管城縣東北十五里鄭大夫祭仲邑也釋例云祭城在河南上有敖倉周公後所封也曰不可先王燿德不觀

兵夫兵戢而時動動則威觀則玩玩則無震韋昭曰震懼也是故周文公之頌韋昭曰文公周公旦之謚曰載戢干戈載櫜弓矢唐固曰櫜韜也我求懿德肆于時夏允王保之韋昭曰言武王常求美德故陳其功於是夏而歌之信哉武王能保此時夏之美樂章大者曰夏先王之於民也茂正其德而厚其性阜其財求而利其器用明利害之鄉韋昭曰鄉方也以文修之使之務利而辟害懷德而畏威故能保世以滋大昔我先王世后稷韋昭曰謂弃與不窋也唐固曰父子相繼曰世以服事虞夏及夏之衰也正義曰謂太康也弃稷不務正義曰言太康弃廢稷官我先王不窋用失其官而自竄於戎狄之間不敢怠業時

序其德遵修其緒徐廣曰遵一作選修其訓典朝夕恪勤守以敦篤奉以忠信奕世載德不忝前人正義曰前人謂后稷也言不窋亦世載德不忝后稷及文王武王無不務農事至于文王武王昭前之光明而加之以慈和事神保民無不欣喜商王帝辛大惡于民庶民不忍訢載武王以致戎于商牧正義曰紂近郊地名牧野是故先王非務武也勤恤民隱而除其害也夫先王之制邦內甸服邦外侯服侯衛賓服韋昭曰此總言之也侯侯圻衛衛圻也夷蠻要服戎翟荒服甸服者祭韋昭曰供日祭侯服者祀韋昭曰供月祀賓服者享韋昭曰供時享要服者貢韋昭曰供歲貢荒服者王韋昭曰王王事天子也詩

曰莫敢不來王日祭月祀時享歲貢終王先王之順祀也有

徐廣曰外傳云先王之訓有不祭則修意韋昭曰先修志意以自責也畿內近知王意也有

不祀則修言韋昭曰言號令也有不享則修文韋昭曰文典法也有

不貢則修名韋昭曰名謂尊卑職貢之名號也有不王則修德韋昭曰遠

人不服則修文德以來之序成而有不至則修刑韋昭曰序成謂上五者次序已

成有不至則有刑罰也於是有刑不祭伐不祀征不享讓不

貢告不王於是有刑罰之辟有攻伐之兵有征

討之備有威讓之命有文告之辭布令陳辭而

有不至則增修於德無勤民於遠是以近無不

聽遠無不服今自大畢伯士之終也徐廣曰犬戎之君犬

戎氏以其職來王正義曰賈逵云大畢伯士犬戎氏之二君也白狼白鹿犬戎之職貢也按

大畢伯士終後犬戎氏常以其職來王天子曰正義曰祭公穆王之意故云天子曰予必以

不享征之且觀之兵無乃廢先王之訓而王幾

頓乎正義曰幾音祈吾聞犬戎樹敦徐廣曰樹一作樴駰案韋昭曰樹立也言犬戎

立性敦篤也率舊德而守終純固其有以禦我矣王

遂征之得四白狼四白鹿以歸自是荒服者不

至諸侯有不睦者甫侯言於王作修刑辟鄭玄曰書

說云周穆王以甫侯爲相王曰吁來有國有土告汝祥刑孔安國曰

告汝善用刑之道也在今爾安百姓何擇非其人王肅曰訓以安百姓之道

當何所選擇乎非當選擇賢人乎何敬非其刑何居非其宜與孔安國曰

當何所敬非唯五刑乎當何所居非唯及世輕重所宜也兩造具備徐廣曰造一作遭師聽五辭孔安國曰兩謂囚證造至也兩至具備則衆獄官聽其入五刑辭。正義曰漢書刑法志云五聽一曰辭聽二曰色聽三曰氣聽四曰耳聽五曰目聽周禮云辭不直則言繁目不直則視耴耳不直則對答惑色不直則貌赧氣不直則數喘也五辭簡信正於五刑孔安國曰五辭簡核信有罪驗則正之於五刑矣五刑不簡正於五罰孔安國曰不簡核謂不應五刑當正五罰出金贖罪也五罰不服正於五過孔安國曰不服不應罰也正於五過從赦免之五過之疵官獄內獄閱實其罪孔安國曰使與罰名相當。索隱曰按呂刑云惟反惟內惟貨惟來今此似闕少或從省文惟鈞其過馬融曰以此五過出入人罪與犯法者等五刑之疑有赦五罰之疑有赦其審克之孔安國曰刑疑赦從罰罰疑赦從免其當清察能得其理也簡信有衆惟訊有稽孔安國曰簡核誠信有合衆心惟察其貌有所考合重之至也。索隱曰訊依尚書音貌也無簡不疑共嚴天威孔安國曰無簡核誠信不聽治其獄當嚴敬天威無輕用刑黥辟疑赦其罰百率徐廣曰率即鍰也音刷孔安國曰六兩曰鍰鍰黃鐵也。索隱曰鍰黃鐵鋝亦六兩故馬融曰鋝量名與呂刑鍰同舊本率亦作選閱實其罪劓辟疑赦其罰倍灑徐廣曰一作五倍曰蓰孔安國曰倍百為二百鍰也。索隱曰灑音夾蓰音所解反閱實其罪臏辟疑赦其罰倍差馬融曰倍二百為四百鍰也差者又加四百之三分一凡五百三十三三分一也。正義曰倍中之差二百去三分一合三百三十三鍰二兩也宮刑其罰五百臏刑既輕其數豈加故知孔馬之説非也閱實其罪宮辟疑赦其罰五百徐廣曰一作六率閱實其罪大辟疑赦其罰千率閱實其罪墨罰之屬千劓罰之屬千臏罰之屬五百宮罰之屬三百大辟之罰其屬二百五刑之屬三千命曰甫刑穆王立五十五年崩子共王繄扈立索隱曰世本作伊扈共王游於涇上密康公從韋昭曰康公密國之君姬姓也。正義曰括地志云陰密故城在涇州鶉觚縣西東接縣城故密國也有三女奔之其母曰必致之王列女傳曰康公母姓隗氏夫獸三爲羣人三爲衆女三爲粲王田不取羣正義曰曹大家云羣衆粲皆多之名也田獵得三獸王不盡收以其害深也公行不下衆正義曰曹大家云公諸侯也公之所與衆人共議也王御不參一族韋昭云御妻官也參三也一族一父子也故取姪娣以備三不參一族之女也夫粲美之物也衆以美物歸女而何德以堪之王猶不堪況爾之小醜乎小醜備物終必亡康公不獻一年共王滅密共王崩子

懿王囏立索隱曰世本作堅懿王之時王室遂衰詩人作刺索隱曰宋忠曰懿王自鎬徙都犬丘一曰廢丘今槐里是也時王室衰始作詩也懿王崩共王弟辟方立是爲孝王孝王崩諸侯復立懿王太子燮是爲夷王正義曰紀年云三年致諸侯烹齊哀公於鼎帝王世紀云十六年崩也夷王崩子厲王胡立厲王即位三十年好利近榮夷公大夫芮良夫正義曰芮伯也諫厲王曰王室其將卑乎夫榮公好專利而不知大難夫利百物之所生也天地之所載也而有專之其害多矣天地百物皆將取焉何可專也所怒甚多而不備大難以是教王王其能久乎夫王人者將導利而布

之上下者也使神人百物無不得極韋昭曰極中也猶曰
怵惕懼怨之來也故頌曰思文后稷克配彼天
立我烝民莫匪爾極大雅曰陳錫載周唐固曰言文王
布錫施利以載成周道也是不布利而懼難乎故能載周以至
于今今王學專利其可乎匹夫專利猶謂之盜
王而行之其歸鮮矣榮公若用周必敗也厲王
不聽卒以榮公為卿士用事王行暴虐侈傲國
人謗王召公諫曰韋昭曰召康公之後穆公虎為王卿士也民不堪命矣
王怒得衛巫韋昭曰衛國之巫也使監謗者正義曰監音古銜反監察也以巫人神靈
有謗毀必察也以告則殺之其謗鮮矣諸侯不朝三十四

年王益嚴國人莫敢言道路以目韋昭曰以目相眄而已厲
王喜告召公曰吾能弭謗矣乃不敢言召公曰
是鄣之也防民之口甚於防水水壅而潰傷人
必多民亦如之是故為水者決之使導為民者
宣之使言故天子聽政使公卿至於列士獻詩
正義曰上獻詩風刺瞽獻典韋昭曰典樂典史獻書正義曰史太史也上書諫師箴
正義曰音針師樂大師也上箴戒之文瞍賦韋昭曰無眸子曰瞍賦公卿列士所獻詩也矇誦
韋昭曰有眸子而無見曰矇周禮矇主絃歌諷誦箴諫之語也百工諫庶人傳語韋昭曰庶
人卑賤見時得失不得言傳以語王○正義曰傳音逐緣反庶人微賤見時得失不得上言乃在街巷相傳語近臣
盡規近臣驂僕之屬親戚補察正義曰言親戚補王過失及察是非也瞽史教

誨（瞽樂太師史太史也）耆艾脩之（韋昭曰耆艾師傅也脩理瞽史之教以聞於王）而後王斟酌焉是以事行而不悖民之有口也猶土之有山川也財用於是乎出猶其有原隰衍沃也（唐固曰下平曰衍有溉曰沃）衣食於是乎生口之宣言也善敗於是乎興行善而備敗所以產財用衣食者也夫民慮之於心而宣之於口成而行之若壅其口其與能幾何王不聽於是國莫敢出言三年乃相與畔襲厲王厲王出奔於彘（韋昭曰彘晉地漢為縣屬河東今曰永安。正義曰括地志云晉州霍邑縣本漢彘縣後改彘曰永安從鄗犇晉也）厲王太子靜匿召公之家國人聞之乃圍之召公曰昔吾驟諫

王王不從以及此難也今殺王太子王其以我為讎而懟怒乎夫事君者險而不讎懟（韋昭曰在危險之中）怨而不怒況事王乎乃以其子代王太子太子竟得脫召公周公二相行政號曰共和（索隱曰共音如字若汲冢紀年則云共伯干王位共音恭共國伯爵言共伯攝王政故云干王位也。正義曰共音巨用反韋昭云彘之亂公卿相與和而脩政事號曰共和也魯連子云衛州共城縣本周共伯之國也共伯名和好行仁義諸侯賢之周厲王無道國人作難王犇于彘諸侯奉和以行天子事號曰共和元年十四年厲王死於彘共伯使諸侯奉王子靖為宣王而共伯復歸國于衛也世家云釐侯十三年周厲王出犇于彘共和行政焉二十八年周宣王立四十二年釐侯卒太子共伯餘立為君恭伯弟和襲攻恭伯於墓上恭伯入釐侯羨自殺衛人因葬釐侯旁謚曰恭伯而立和為衛侯是為武公按此文共伯不得立而和立為武公武公之立在恭伯卒後年歲又不相當年表亦同明紀年及魯連子非也）

共和

十四年厲王死于彘太子靜長於召公家二相
乃共立之爲王是爲宣王宣王即位二相輔之
脩政法文武成康之遺風諸侯復宗周十二年
魯武公來朝宣王不脩籍於千畝正義曰應劭云古者天子耕籍
田千畝爲天下先瓚曰籍蹈藉也按宣王不脩親耕之禮也虢文公諫曰賈逵曰文公文王母弟虢
仲之後爲王卿士也韋昭曰文公虢叔之後西虢也宣王都鎬在畿內也。正義曰括地志云虢故城在岐州陳倉縣東
南十里又云千畝原在晉州岳陽縣北九十里也不可索隱曰國語曰虢文公諫云夫人之大事在農上帝
之粢盛於是乎出事之繁庶於是乎生人之供給於是乎取事具載國語王弗聽三十九年
戰于千畝索隱曰地名也在西河介休縣王師敗績于姜氏之戎
韋昭曰西夷別種四嶽之後也宣王既亡南國之師乃料民於太

原韋昭曰敗於姜戎時所亡也南國漢江之門料數也唐固曰南國南陽也仲山甫正義曰毛萇云仲山
甫樊穆仲也括地志云漢樊縣城在兗州瑕丘縣西南三十五里古樊國仲山甫所封也諫曰民不可
料也宣王不聽卒料民四十六年宣王崩正義曰周
春秋云宣王殺杜伯而無辜後三年宣王會諸侯田于圃日中杜伯起於道左衣朱衣冠操朱弓矢射宣王中心折脊而
死國語云杜伯射王於鄗子幽王宮湦立徐廣曰一作生幽王二年西
周三川皆震徐廣曰涇渭洛也駰案韋昭曰西周鎬京地震動故三川亦動。正義曰按涇渭二水在
雍州北洛水一名漆沮在雍州東北南流入渭此時以王城爲東周鎬京爲西周伯陽甫曰周
將亡矣韋昭曰伯陽甫周大夫也唐固曰伯陽父周柱下史老子也夫天地之氣
不失其序若過其序民亂之也韋昭曰過失也言民不敢斥王者也陽
伏而不能出陰迫而不能烝韋昭曰烝升也陽氣在下陰氣迫之使不能升

也於是有地震今三川實震是陽失其所而塡
陰也韋昭曰爲陰所鎮笮也陽失而在陰韋昭曰在陰下也原必塞原
塞國必亡夫水土演而民用也韋昭曰水土氣通爲演演猶潤也演則生
物民得用之土無所演民乏財用不亡何待昔伊洛竭
而夏亡韋昭曰禹都陽城伊洛所近也河竭而商亡韋昭曰商人都衛河水所經也
今周德若二代之季矣其川原又塞塞必竭夫
國必依山川山崩川竭亡國之徵也川竭必山
崩韋昭曰水泉不潤枯朽而崩也若國亡不過十年數之紀也韋昭
曰數起於一終於十十則更故曰紀也天之所弃不過其紀是歲也三
川竭岐山崩三年幽王嬖愛褒姒索隱曰褒國名夏同姓姓姒氏

禮婦人稱國及姓其女是龍漦妖子爲人所收褒人納之于
王故曰褒姒。正義曰括地志云褒國故城在梁州褒城縣
東二百步古褒國也褒姒生子伯服幽王欲廢太子太子母
申侯女而爲后後幽王得褒姒愛之欲廢申后
并去太子宜臼以褒姒爲后以伯服爲太子周
太史伯陽讀史記曰正義曰諸國皆有史以記事故曰史記周亡矣昔
自夏后氏之衰也有二神龍止於夏帝庭而言
曰余褒之二君虞翻曰龍自號褒之二先君也夏帝卜殺之與去
之與止之莫吉卜請其漦而藏之乃吉韋昭曰漦龍所吐沫
沫龍之精氣也於是布幣而策告之韋昭曰以簡策之書告龍而請其漦也龍
亡而漦在櫝而去之韋昭曰櫝匱也夏亡傳此器殷殷

云又傳此器周比三代莫敢發之至厲王之末虞翻曰末年王流彘之歲發而觀之漦流于庭不可除厲王使婦人裸而譟之韋昭曰譟讙呼也唐固曰羣呼曰譟漦化爲玄黿以入王後宮索隱曰亦作蚖音元玄蚖蜥蜴也後宮之童妾旣齔而遭之韋昭曰毀齒曰齔女七歲而毀也旣笄而孕正義曰笄音雞禮記云女子許嫁而笄鄭玄云笄今簪無夫而生子懼而弃之宣王之時童女謠曰檿弧箕服實亡周國韋昭曰山桑曰檿弧弓也箕木名服矢房也於是宣王聞之有夫婦賣是器者宣王使執而戮之逃於道而見鄉者後宮童妾所弃妖子徐廣曰妖一作夭夭幼少也出於路者正義曰夫婦賣檿弧者宣王欲執戮之遂逃於路遇此妖子哀而收之聞其

夜啼哀而收之夫婦遂亡犇於襃襃人有罪請入童妾所弃女子者於王正義曰國語云周幽王伐有襃襃人以襃姒女焉與虢石甫比也以贖罪弃女子出於襃是爲襃姒當幽王三年王之後宮見而愛之生子伯服竟廢申后及太子以襃姒爲后伯服爲太子索隱曰左傳所謂携王奸命是也太史伯陽曰禍成矣無可奈何襃姒不好笑幽王欲其笑萬方故不笑幽王爲烽燧正義曰烽一音逢燧一音遂晝日燃烽以望火煙夜舉燧以望火光也烽土魯也燧炬火也皆山上安之有寇舉之大鼓有寇至則舉烽火諸侯悉至至而無寇襃姒乃大笑幽王說之爲數舉烽火其後不信諸侯益亦不至幽

王以虢石父爲卿用事國人皆怨石父爲人佞巧徐廣曰佞一作諂善諛好利王用之又廢申后去太子也申侯怒與繒正義曰自陵反國語云繒姒姓夏禹後括地志云繒縣在沂州承縣古侯國禹後西夷犬戎攻幽王索隱曰繒國名夏同姓幽王舉燧火徵兵兵莫至遂殺幽王驪山下索隱曰在新豐縣南故驪戎國也舊音黎徐廣音力知反○正義曰括地志云驪山在雍州新豐縣南十六里土地記云驪山即藍田山按驪山之陽即藍田山虜褒姒盡取周賂而去汲冢紀年曰自武王滅殷以至幽王凡二百五十七年也○正義曰按汲冢書晉咸和五年汲郡汲縣發魏襄王冢得古書冊七十五卷於是諸侯乃即申侯而共立故幽王太子宜臼是爲平王以奉周祀

平王立東遷于雒邑正義曰即王城也平王以前號東都至敬王以後及戰國爲西周也

辟戎寇平王之時周室衰微諸侯彊并弱齊楚秦晉始大政由方伯周禮曰九命作伯鄭衆云長諸侯爲方伯四十九年魯隱公即位五十一年平王崩太子洩父正義音甫蚤死立其子林是爲桓王桓王平王孫也桓王三年鄭莊公朝桓王不禮索隱曰在魯隱公六年五年鄭怨與魯易許田許田天子之用事太山田也索隱曰左傳鄭伯以璧假許田卒易祊祊是鄭祀太山之田許是魯朝京師之湯沐邑有周公廟鄭以其近故易取之此云許田天子用事太山田誤○正義曰杜預云成王營王城有遷都之志故賜周公許田以爲魯國朝宿之邑後世因而立周公別廟焉鄭桓公友周宣王之母弟封鄭有助祭泰山湯沐邑在祊鄭以天子不能復巡狩故欲以祊易許田各從本國所近之宜也恐魯以周公別廟爲疑故云已廢太山之祀而欲爲魯祀周公遜辭以有求也括地志云許田許州許昌縣南四十里有魯

城周公廟在城中祊田在沂州費縣東南按兖鄭大夫八年魯殺隱公正義曰子允今公子翬殺隱公也立桓公十三年伐鄭索隱曰在魯桓五年鄭射傷桓王桓王去歸索隱曰左傳繻葛之役祝聃射王中肩是也二十三年桓王崩子莊王佗立莊王四年周公黑肩欲殺莊王而立王子克賈逵曰莊王弟子儀也辛伯告王賈逵曰辛伯周大夫也王殺周公索隱曰左傳云初子儀有寵於桓王桓王屬諸周公辛伯諫曰並后匹嫡兩政耦國亂之本也周公不從故及於難然周公阿先王旨自取誅夷辛伯正君臣之義卒安王業二卿優劣誠可識也王子克奔燕正義曰杜預云南燕姞姓也十五年莊王崩子釐王正義曰釐音僖謚作毋涼也胡齊立釐王三年齊桓公始霸五年釐王崩子惠王閬立索隱曰世本名毋涼惠王二年初莊王嬖姬姚

正義曰杜預云姚姓也生子穨索隱曰莊王子釐王弟惠王之叔父也穨有寵及惠王即位奪其大臣園以為囿左傳曰大臣為國也故大夫邊伯等五人作亂左傳曰五人者蔿國邊伯詹父子禽祝跪也謀召燕衛師正義曰南燕滑州胙城衛澶州衛南也伐惠王惠王奔溫正義曰左傳云蘇忿生十二邑桓王奪蘇子十二邑與鄭故蘇子同五大夫伐惠王溫十二邑之一也杜預云河內溫縣也已居鄭之櫟服虔曰櫟鄭大都○正義曰杜預云櫟今河南陽翟縣也立釐王弟穨為王樂及徧舞賈逵曰徧舞皆舞六代之樂也鄭虢君怒四年鄭與虢君伐殺王穨正義曰賈逵云鄭厲公突虢公林父也復入惠王惠王十年賜齊桓公為伯二十五年惠王崩子襄王鄭立襄王母早死後母曰惠后左傳曰陳嬀歸于京師實惠后也○正義曰按陳國舜後

(嬀姓也)惠后生叔帶(索隱曰惠王子襄王弟封於甘故左傳稱甘昭公○正義曰惠王子襄王弟封之於甘括地志云故甘城在洛州河南縣西南二十五里左傳云甘昭公王子叔帶也洛陽記云河南縣西南二十五里有水出焉北流入洛山上有甘城即甘公菜邑也)有寵於惠王襄王畏之三年叔帶與戎翟謀伐襄王襄王欲誅叔帶叔帶犇齊齊桓公使管仲平戎于周使隰朋平戎于晉(服虔曰戎伐周晉伐戎救周故和也)王以上卿禮管仲管仲辭曰臣賤有司也有天子之二守國高在(杜預曰國子高子天子所命為齊守臣皆上卿也)若節春秋來承王命何以禮焉(賈逵曰節時也王肅曰春秋聘享之節也)陪臣敢辭(服虔曰陪重也諸侯之臣於天子故曰陪臣)王曰舅氏余嘉乃勳(賈逵曰舅氏言伯舅之使也○正義曰武王娶太公女為后故呼舅氏遠言之我善汝有平戎之功勳)

毋逆朕命管仲卒受下卿之禮而還(正義曰杜預云管仲不敢以職自高卒受本位之禮也)九年齊桓公卒十二年叔帶復歸于周(左傳曰王召之)十三年鄭伐滑(賈逵曰滑姬姓之國案左傳曰滑人叛鄭而服於衛也○正義曰杜預云滑故國都河南緱氏縣為秦所滅時屬鄭晉後屬周事在魯釐公二十年括地志云緱氏故城本費城也在洛州緱氏縣南東二十五里也)王使游孫伯服請滑(賈逵曰二子周大夫)鄭人囚之鄭文公怨惠王之入不與厲公爵(服虔曰惠王以后之鞶鑒與鄭厲公而獨與虢公玉爵○正義曰左傳云莊公二十一年王巡虢狩虢公為王宮于玤王與之酒泉鄭伯之享王王以后之鞶鑒與之虢公請器王與之爵鄭伯由是怨王也杜預云后鞶帶而以鏡為飾也爵飲酒器也玤地酒泉周邑)又怨襄王之與衛滑(服虔曰滑小國近鄭世世服從而更違叛鄭師伐之聽命後自懟於王王以與衛)故囚伯服王怒將以翟伐鄭富

辰諫（服虔曰富辰周大夫）曰凡我周之東徙晉鄭焉依子頹之亂又鄭之由定今以小怨弃之王不聽十五年王降翟師以伐鄭王德翟人將以其女為后富辰諫曰平桓莊惠皆受鄭勞王弃親親翟不可從王不聽十六年王絀翟后翟人來誅殺譚伯（唐固曰譚伯周大夫原伯毛伯也○索隱曰按國語亦云殺譚伯而左傳太叔之難獲周公忌父原伯毛伯唐固據傳文讀譚為原然春秋有譚何妨此時亦仕王朝預獲被殺國語既云殺譚伯故太史公依之不從左傳說也）富辰曰吾數諫不從如是不出王以我為懟乎乃以其屬死之初惠后欲立王子帶故以黨開翟人翟人遂入周襄王出犇鄭（正義曰公羊傳云王者無外此其言出何不能事母也）鄭居王于氾（杜預曰鄭南氾在襄城縣南○正義曰氾音凡括地志云故氾城在許州襄城縣一里左傳云天王出居於鄭處於氾是）子帶立為王取襄王所絀翟后與居温（正義曰括地志云故温城在懷州温縣西三十里漢晉為縣本周司寇蘇忿生之邑左傳云周與鄭人蘇忿生十二邑温其一也地理志云温縣故國己姓蘇忿生所封也）十七年襄王告急于晉晉文公納王而誅叔帶襄王乃賜晉文公珪鬯弓矢為伯以河內地與晉（正義曰賈逵云晉有功賞之以地楊樊温原欑茅之田也）二十年晉文公召襄王襄王會之河陽踐土（賈逵曰河陽晉之温也踐土鄭地名在河內○正義曰括地志云故王宮在鄭州滎澤縣西北十五里王宮城中左傳云晉文公敗楚於城濮至於衡雍作王宮於踐土也按王城則所作在踐土城內東北隅有踐土臺東去衡雍三十餘里也）諸侯畢朝書諱曰天王狩于河陽（左傳曰仲尼曰以臣

召君不可以訓故書曰狩二十四年晉文公卒三十一年秦穆公卒三十二年襄王崩子頃王壬臣立頃王六年崩子匡王班立匡王六年崩弟瑜立是為定王定王元年楚莊王伐陸渾之戎地理志陸渾縣屬弘農郡。正義曰渾音魂杜預云允姓之戎居陸渾在秦西北二國誘而徙伊川遂從戎號今洛州陸渾縣取其號也後漢書云陸渾戎自瓜州遷於伊川左傳云初平王之東遷也辛有適伊川見被髮而祭於野者曰不及百年此其戎乎其禮先亡矣按至僖公二十二年秋秦晉遷陸渾之戎於伊川計至辛有言適百年也括地志云故麻城謂之蠻中在汝州梁縣界左傳單浮餘圍蠻氏杜預云城在河南新城東南伊洛之戎陸渾蠻氏城也俗以為麻蠻聲相近故耳按新城今伊闕縣是也次洛使人問九鼎王使王孫滿應設以辭賈逵曰王孫滿周大夫也楚兵乃去十年楚莊王圍鄭鄭伯降已而復之十六年楚莊王卒二十一年定王崩子簡王夷立簡王十三年晉殺其君厲公迎子周於周立為悼公十四年簡王崩子靈王泄心立靈王二十四年齊崔杼弒其君莊公二十七年靈王崩皇覽曰靈王冢在河南城西南柏亭西周山上蓋以靈王生而有髭而神故謚靈王其冢民祀之不絕子景王貴立索隱曰名貴按國語景王二十一年鑄大錢及無射單穆公及泠州鳩各設辭以諫今此不言亦其略耳景王十八年后太子聖而早卒二十年景王愛子朝賈逵曰景王之長庶子欲立之正義曰左傳云子朝用成周之寶珪沈於河津人得諸河上杜預云禱河求福也珪自水出也按河神不敢受故會崩皇覽曰景王冢在洛陽太倉中秦封呂不韋洛陽十萬戶故大其城并圍景王冢也子丐之黨與爭立國人立長子猛爲王子朝攻殺猛猛爲悼王晉人攻子朝而立丐是爲敬王賈逵曰敬王猛母弟敬王元年晉人入敬王子朝自立敬王不得入居澤賈逵曰澤邑周地也四年晉率諸侯入敬王于周子朝爲臣春秋曰子朝犇楚皇覽曰子朝冢在南陽西鄂縣今西鄂晁氏自謂子晁後也諸侯城周十六年子朝之徒復作亂敬王犇于晉十七年晉定公遂入敬王于周三十九年齊田常殺其君簡公四十一年楚滅陳孔子卒四十二年敬王崩徐廣曰皇甫謐曰敬王四十四年元己卯崩壬戌也子元王仁立徐廣曰世本云貞王介也元王八年崩子定王介立徐廣曰世本云元王赤也皇甫謐曰元王十一年癸未三晉滅智伯二十八年崩三子爭立立應爲貞王

○索隱曰世本云元王赤皇甫謐云貞定王考據二文則是元有兩名一名仁一名赤如史記則元王爲定王父定王即貞王也依世本則元王是貞王子必有一乘誤然此定當爲貞字誤耳豈周家有兩定王代數又非遠乎皇甫謐見此疑而不決遂彌縫史記世本之錯謬因謂爲貞定王未爲得也定王十六年三晉滅智伯分有其地二十八年定王崩徐廣曰皇甫謐曰貞定王十年元癸亥崩壬申長子去疾立是爲哀王哀王立三月弟叔襲殺哀王而自立是爲思王思王立五月少弟嵬攻殺思王而自立是爲考王此三王皆定王之子考王十五年崩徐廣曰皇甫謐曰考哲王元年辛丑崩乙卯子威烈王午立考王封其弟于河南正義曰帝王世紀云考哲王封弟揭於河南續周公之官是爲西周桓公按自敬王遷都成周號東周也桓公都王城號西周桓公是爲桓公以續周

公之官職桓公卒子威公代立威公卒子惠公代立乃封其少子於鞏徐廣曰惠公之子也○正義曰鞏音拱郭緣生述征記鞏縣周地鞏伯邑史記周顯王二年西周惠公封少子班於鞏以奉王室爲東周惠公也子武公爲秦所滅以奉王號東周惠公索隱曰考王封其弟于河南爲桓公卒子威公立卒子惠公立長子曰西周公又封少子於鞏乃襲父號曰東周惠公於是有東西二周也按世本西周桓公名揭居河南東周惠公名班居洛陽是也

威烈王二十三年九鼎震命韓魏趙爲諸侯二十四年崩徐廣曰皇甫謐曰元丙辰崩己卯騆案宋忠曰威烈王葬洛陽城中東北隅也子安王驕立是歲盜殺楚聲王安王立二十六年崩皇甫謐曰安王元庚辰崩乙巳子烈王喜立烈王二年周太史儋索隱曰老子列傳曰儋即老子耳又曰非也驗其年代是别人○正義曰幽王時有伯陽甫唐固曰伯陽甫老子也按幽

王元年至孔子卒三百餘年孔子卒後一百二十九年儋見秦獻公然老子當孔子時唐固說非也見秦獻公曰正義曰秦本紀云獻公十一年見見後十五年周顯王致文武胙於秦孝公是復合時也始周與秦國合而别别五百載復合應劭曰周孝王封伯翳之後爲侯伯與周别五百載至昭王時西周君臣自歸受罪獻其邑三十六城合也韋昭曰周封秦爲始别謂秦仲也五百歲謂從秦仲至孝公彊大顯王致伯與之親合也○索隱曰按周封非子爲附庸邑之秦號曰秦嬴是始合也及秦襄公始列爲諸侯是别之也自秦列爲諸侯至昭王五十二年西周君臣獻邑三十六城以入於秦凡五百一十六年是合也云五百舉其大數合十七歲而霸王者出焉徐廣曰從此後十七年而秦昭王立騆案韋昭曰武王昭王皆伯至始皇而王天下○索隱曰霸王謂始皇也自周以邑入秦至始皇初立政由太后嫪毐至九年誅毐正十七年○正義曰周始與秦國合者謂周秦俱黄帝之後至非子未别封是合也而别者謂非子末年周封非子爲附庸邑秦後二十九君至秦孝公二年五伯載周顯王致文武胙於秦孝公復與之親是復合也合十七歲而霸王者出謂從秦

（孝公三年至十九年周顯王致胙於秦孝公是霸也孝公子惠王稱王是王者出也然五百載者非子生秦侯已下二十八君至孝公二年都合四百八十六年兼非子邑秦之後十四年則成五百載）十年烈王崩弟扁立（正義扁邊典反）是爲顯王顯王五年賀秦獻公獻公稱伯九年致文武胙於秦孝公（胙膰肉也左傳曰王使宰孔賜齊侯胙曰天子有事于文武）二十五年秦會諸侯於周二十六年周致伯於秦孝公三十三年賀秦惠王三十五年致文武胙於秦惠王四十四年秦惠王稱王（正義曰秦本紀云惠王十三年與韓魏趙並稱王）其後諸侯皆爲王（索隱曰謂韓魏齊趙也）四十八年顯王崩子慎靚王定立慎靚王立六年崩子赧王延立（索隱曰皇甫謐云名誕赧非謚謚法無赧正以微弱竊鈇逃債赧然慙愧故號曰赧耳又按尚書中候以赧爲然鄭玄云然讀曰赧王邵按古音人扇反今音奴板反爾雅面慙曰赧）王赧時東西周分治（索隱曰西周河南也東周鞏也王赧微弱西周與東分王政理各居一都故曰東西周按高誘曰西周王城今河南東周成周故洛陽之地）王赧徙都西周（正義曰敬王從王城東從成周十世至王赧從成周西從王城西周武公居焉）西周武公（徐廣曰惠公之長子○索隱曰按戰國策作東周武公）之共太子死有五庶子母適立司馬翦（正義曰翦音子踐反楚臣也）謂楚王曰不如以地資公子咎爲請太子左成曰（正義曰楚臣也）不可周不聽是公之知困而交疏於周也（正義曰言以地資公子咎請爲太子周若不許是楚於周交益疏）不如請周君孰欲立以微告翦（正義曰楚命翦適周諷周君欲立誰以微言告於翦翦令楚賀之以地周果立咎爲太子也此以上至西周武公是楚令周立公子咎爲太子也）翦請令

楚賀之以地果立公子咎為太子八年秦攻宜陽正義曰括地志云故韓城一名宜陽城在洛州福昌縣東十四里即韓宜陽縣城也楚救之而楚以周為秦故將伐之索隱曰宜陽韓地秦攻而楚救之周為韓出兵而楚疑周為秦因加兵伐周蘇代為周說楚王曰何以周為秦之禍也索隱曰蘇代為周說楚王王何以道周為秦周實不為秦今王責周道為秦周懼楚必入秦是為禍也言周之為秦甚於楚者欲令周入秦也故謂周秦也索隱曰周秦相近秦欲并周而外睦於周故當時諸侯咸謂周秦周知其不可解必入於秦此為秦取周之精者也正義曰解音紀買反代言周若知楚疑親秦其計定不可解免周必親於秦也是為秦取周精妙之計為王計者周於秦因善之不於秦亦言善之以疏之於秦正義曰代言為王計者周親我

因而善之周不親亦言善之楚若善周周必疏於秦也周絕於秦必入於郢矣正義曰郢楚都也楚既親周秦必絕周親楚矣以上至八年蘇代說楚合周秦借道兩周之間正義曰上借音精夕反下音子夜反將以伐韓周恐借之畏於韓不借畏於秦史厭正義烏減反又於黠反謂周君索隱曰周君西周武公也時王赧微弱不主盟會寄居西周耳曰何不令人謂韓徐廣曰一作何應劭曰氏姓註云以何姓為韓後公叔曰秦之敢絕周而伐韓者信東周也公何不與周地發質使之楚正義曰質音竹利反使音所吏反質使令公子及重臣等往楚為質使秦疑楚又得不信周也質平敵不相負也秦必疑楚不信周是韓不伐也又謂秦曰韓彊與周地將以疑周於秦也周不敢不受秦必無辭而令周不受正義曰又

謂秦曰韓強與周地今秦疑周親則周不敢不受秦必無巧辭而令周不敢不受韓地也是受地於韓而聽於秦索隱曰此史猒說韓令與周地使質於楚令秦疑楚不信周得不假道伐韓而猶聽命於秦

秦召西周君西周君惡往故令人謂韓王索隱曰按戰國策云或人爲周君謂魏王曰秦召西周君將以使攻王之南陽也王何不出兵於南陽周君將以爲辭於秦索隱曰高誘註戰國策曰以魏兵在河南爲辭周君不往朝秦也周君不入秦秦必不敢踰河而攻南陽矣正義曰南陽今懷州也杜預云在晉山南以上至秦召西周君是西周君說韓令出兵河南謀秦也

東周與西周戰韓救西周或爲東周說韓王曰正義曰爲音于僞反及或人爲東周說王令按兵無出則周德韓矣西周故天子之國多名器重寶王案兵毋出可以德東

周正義曰韓按兵不出伐東周而東周甚媿韓之恩德也而西周之寶必可以盡矣正義曰韓出兵助西周雖不攻東周西周媿其佐助寶器必盡歸於韓以上至東周與西周戰是或人說韓令無救西周也

王赧謂成君楚圍雍氏徐廣曰陽翟雍氏城也戰國策曰韓兵入西周西周令成君辯說秦求救當是說此事而脫誤也○索隱曰如徐此說自合當改而註結之不合與楚圍雍氏連註○正義曰雍音於恭反括地志云故雍城在洛州陽翟縣東北二十五里故老云黃帝雍作杵臼所封也按其地時屬韓也

韓徵甲與粟於東周東周君恐召蘇代而告之代曰君何患於是臣能使韓毋徵甲與粟於周又能爲君得高都徐廣曰今河南新城縣高都城也○索隱曰高誘云高都韓邑今屬上黨也○正義曰括地志云高都故城一名郜都城在洛州伊闕縣北三十五里周君曰子苟能請以國聽子代見韓相國曰漢書百官表曰相國秦官顒謂韓亦有相國然

則諸國共放秦也○索隱曰相國公仲侈也楚圍雍氏期三月也今五月
不能拔是楚病也正義曰謂楚兵㡚弱也令相國乃徵甲與
粟於周是告楚病也韓相國曰善使者已行矣
索隱曰已上也代曰何不與周高都韓相國大怒曰吾毋
徵甲與粟於周亦已多矣正義曰言幸甚也何故與周高
都也代曰與周高都是周折而入於韓也秦聞
之必大怒忿周即不通周使是以獘高都得完
周也曷爲不與相國曰善果與周高都正義曰以上至楚圍
雍氏是蘇代爲東周說韓令不徵甲而得高都三十四年蘇厲謂周君曰秦
破韓魏扑師武徐廣曰扑一作仆戰國策曰秦敗魏將犀武於伊闕北取趙藺

離石者地理志曰西河有趙藺離石二縣○正義曰藺音力刃反括地志云離石縣今石州所理縣也藺近
離石皆趙二邑皆白起也是善用兵又有天命今又將兵
出塞攻梁正義曰謂伊闕塞也在洛州南十九里伊闕山今名鍾山酈元注水經云兩山相對望之若闕
伊水歷其間故謂之伊闕按今謂之龍門禹鑿以通水也梁破則周危矣君何不
令人說白起乎曰楚有養由基者善射者也去
柳葉百步而射之百發而百中之左右觀者數
千人皆曰善射有一夫立其旁曰善可教射矣
養由基怒釋弓搤劍曰客安能教我射乎客曰
非吾能教子支左詘右也索隱曰按列女傳曰左手如拒右手如附枝右手發
之左手不知此射之道也又越絕書曰左手如附太山右手如抱嬰兒夫去柳葉百步而

射之百發而百中之不以善息索隱曰言不以其善而且停息息上也少焉氣衰力倦弓撥矢鉤一發不中者百發盡息索隱曰息猶弃言并弃前射今破韓魏扑師武北取趙藺離石者公之功多矣今又將兵出塞過兩周倍韓攻梁一舉不得前功盡弃公不如稱病而無出正義曰以上至三十四年是蘇厲為周説白起無伐梁也四十二年秦破華陽約徐廣曰一作厄。正義曰司馬彪云華陽亭名在密縣秦昭王三十三年秦背魏約使客卿胡傷擊魏將芒卯華陽破之六國年表云白起擊魏華陽芒卯走括地志云故華陽城在鄭州管城縣南四十里是按馬犯見秦破魏華陽約懼周危故謂周也請梁城馬犯謂周君曰請令梁城周索隱曰華陽地名司馬彪曰華陽亭名在密縣秦昭王三十三年秦背魏約使客卿胡傷擊魏將芒卯華陽破之是馬犯見秦破魏約懼周危故謂周君請梁城周而誤詭計也乃謂梁王曰周王病若死則犯必死矣正義曰馬犯周臣也乃説梁王曰秦破魏華陽之軍去周甚近周王憂懼國破猶身之重病若死則犯必死也犯請以九鼎自入於王王受九鼎而圖犯索隱曰圖謀也犯謂梁王我方入鼎於王王當謀救援已也梁王曰善遂與之卒言戍周正義曰戍守也周雖未入九鼎於梁而梁信馬犯矯言遂與之卒令守周因謂秦王曰正義曰梁兵非戍周也將衛伐周而取九鼎寶器王若不信試出師於境以觀梁王之變也梁非戍周也將伐周也王試出兵境以觀之秦果出兵又謂梁王曰正義曰馬犯説秦得秦出兵於境又重歸説梁王也周王病甚矣犯請後可而復之索隱曰按戰國策甚作瘉犯請後可而復之者言王病愈所圖不遂請得在後有可之時以鼎入梁也。正義曰復音扶富反復重也秦既破華陽軍今又出兵境上是周國病秦久矣犯前請卒戍周諸侯皆心疑梁取周

後可更重請益卒守周乎今王使卒之周諸侯皆生心後舉事
且不信不若令卒為周城以匿事端索隱曰梁實圖周九鼎且
外遣卒戍周和合秦舉兵欲侵周梁不救周是本無善周之事止是欲周危而取九鼎故諸侯皆心不信梁矣故不如匿
事端使卒為周城。正義曰既諸侯生心不如令卒便為築城以隱匿疑伐周之事端絕諸侯不信之心梁王遂使城周
解諸侯之疑也梁王曰善遂使城周正義曰以上至四十二年是馬犯說梁王為周築城
也四十五年周君之秦客謂周最索隱曰最音詞喻反周之公子
也曰公不若譽秦王之孝因以應為太后養地
徐廣曰地理志云應今潁川父城縣應鄉是也。索隱曰戰國策作原原周地太后秦昭王母宣太后芊氏也。正義曰
括地志云故應城殷時應國在城父按應城此時屬周太后秦昭王母宣太后芊氏秦王必喜是
公有秦交交善周君必以為公功交惡勸周君

入秦者必有罪矣正義曰客謂周最曰周君與秦交善是最之功也與秦交惡勸周君入秦
者周最今必得勸周君之罪也以上四十五年是周客說周最令周君以應入秦得交善而歸也秦攻周
而周最謂秦王曰為王計者不攻周攻周實不
足以利聲畏天下天下以聲畏秦必東合於齊
兵弊於周合天下於齊則秦不王矣天下欲弊
秦勸王攻周秦與天下弊則令不行矣正義曰令音力政反
秦欲攻周最說秦曰周天子之國雖有重器名寶土地狹少不足利秦國王若攻之乃有攻天子之聲而令天下以攻天
子之聲畏秦使諸侯歸於齊秦兵空弊於周則秦不王矣是天下欲弊秦故勸王攻周令秦受天下弊而令教命不行於
諸侯矣以上秦攻周是周最說秦也五十八年三晉距秦周令其相國
之秦以秦之輕也還其行正義曰以秦輕易周相故相國於是反歸周也客

謂相國曰秦之輕重未可知也正義曰言秦之輕相國重相國亦未可知
秦欲知三國之情公不如急見秦王曰請爲王
聽東方之變秦王必重公重公是秦重周周以
取秦也齊重則固有周聚徐廣曰一作最最亦古之聚字。正義曰按周聚事
齊而和於齊周故得齊重今相國又得秦重是相國收秦周聚收齊周常不失大國之交也以收齊是
周常不失重國之交也秦信周發兵攻三晉正義
曰三晉韓魏趙也以上至五十八年是客說周相國令報三國之情得秦重也五十九年秦取
韓陽城負黍徐廣曰陽城有負黍聚。正義曰括地志云陽城洛州縣也負黍亭在陽城縣西南
三十五里故周邑左傳云鄭伐周負黍是也今屬韓國也西周恐倍秦與諸侯約
從文穎曰關東爲從關西爲橫孟康曰南北爲從東西爲橫瓚曰以利合曰從以威勢相脅曰橫。正義曰按諸說未

允關東地南北長長爲從六國共居之關西地東西廣廣爲橫秦獨居之將天下銳師出伊
闕攻秦正義曰西周以秦取韓陽城負黍恐懼倍秦之約共諸侯連從領天下銳師從洛州南出伊闕攻秦
軍令不得通陽城令秦無得通陽城秦昭王怒使將軍摎
漢書百官表曰前後左右將軍皆周末官也。正義摎音糾虬反攻西周西周君犇秦
正義曰謂西周武公頓首受罪盡獻其邑三十六口三萬索隱
曰秦昭王之五十一年秦受其獻歸其君於周周君王赧卒
宋忠曰謚曰西周武公。索隱曰非也徐以西周武公是惠公之長子此周君即西周武公也蓋此時武公與王赧皆卒
故連言也。正義曰劉伯莊云赧是慙恥之甚輕微危弱寄住東西足爲慙赧故號之曰赧帝王世紀云名誕雖居天子
之位號爲諸侯之所役逼與家人無異名負責於民無以得歸乃上臺避之故周人名其臺曰逃責臺周民
遂東亡秦取九鼎寶器而遷西周公於𢠸狐徐廣

曰㷉音惲㷉狐聚與陽人聚相近在洛陽南百五十里梁新
城之間。索隱曰西周蓋武公之太子文公也武公卒而立
爲秦所遷而東周亦不知其名號戰國策雖有周文君亦不
知滅時定當何主蓋周室衰微略無紀録故太史公雖考衆
書以卒其事然二國代系甚不分明。正義曰括地志云故
州外古梁城即㷉狐聚也陽人故城即陽人聚也在汝州梁
縣西四十里秦遷東周居也梁亦古梁城也在汝州梁縣西
南十五里新城今洛州伊闕縣也按㷉狐陽人傍在三城之
間

後七歲秦莊襄王滅東西周徐廣曰周比亡之時凡七縣河南洛陽穀
城平陰偃師鞏緱氏。正義曰括地志云故穀城在洛州河
南縣西北十八里苑中河陰縣城本漢平陰縣在洛州洛陽
縣東北五十里十三州志云在平
津大河之南也魏文帝改曰河陰東西周皆入于秦周

既不祀皇甫謐曰周凡三十七王八百六十七年。索隱
曰既盡也日食盡曰既言周祚盡滅無主祭祀。
正義曰按王赧卒後天下無主三十五年七雄並爭
至秦始皇立天下一統十五年海內咸歸於漢矣

太史公曰學者皆稱周伐紂居洛邑綜其實不

然武王營之成王使召公卜居居九鼎焉而周
復都豐鎬至犬戎敗幽王周乃東徙于洛邑所
謂周公葬我畢畢在鎬東南杜中徐廣曰一作社秦滅周
漢興九十有餘載天子將封太山東巡狩至河
南求周苗裔封其後嘉三十里地號曰周子南
君瓚曰汲冢古文謂衞將軍文子爲子南彌牟其後有子南
勁朝于魏後惠成王如衞命子南爲侯秦并六國衞最爲
後疑嘉是衞後故氏子南而稱君也。正義曰括地志云周
承休城一名梁雀塢在汝州梁縣東北二十六里帝王世紀
云漢武帝元鼎四年東巡河洛思周德乃封姬嘉三千戶地
方三十里爲周子南君以奉周祀元鼎三年嘉弟昭進爵爲
承休侯在此城也平帝元始四年進爲鄭公光武建武二年
封姬觀爲衞公顏師古云子南其封邑之號故總言周子南
君按自嘉以下皆姓姬氏著
在史傳瓚言子南爲氏恐非比列侯以奉其先祭祀

徐廣曰自周亡乙巳至元鼎四年戊辰一百四十四年漢之九十四年也漢武元鼎四年封周後也

索隱述贊曰

后稷居邰　太王作周　丹開雀錄
火降烏流　三分既有　八百不謀
蒼兕誓衆　白魚入舟　大師抱樂
箕子拘囚　成康之日　政簡刑措
南巡不還　西服莫附　共和之後
王室多故　檿弧興謠　龍漦作蠱
穨帶挂禍　實傾周祚

史計捌阡肆伯捌拾玖字

註壹萬伍阡玖伯陸拾玖字

周本紀第四　史記四